인간과 AI,
내러티브 이해와 창작

AI문고

인공지능 시대입니다. 기계가 인간의 인지를 대신하고, 사물이 인간을 통하지 않고 다른 사물과 직접 커뮤니케이션합니다. 이에 따른 인간 삶과 문명 변화를 정확히 이해·예측·대응하는 것은 이 시대 우리 모두의 과제입니다. AI문고는 인공지능 기술과 환경의 여러 주제를 10가지 키워드로 정리합니다. 관련 개념과 이론, 학계와 산업계의 쟁점, 우리 일상의 변화를 다룹니다. 인간과 기술의 현재, 미래를 세심히 분석합니다.

일러두기

- 인명, 작품명, 저서명, 개념어 등은 한글과 함께 괄호 안에 해당 국가의 원어를 병기했습니다.
- 외래어 표기는 현행 어문규정의 외래어표기법을 따랐습니다.

처음이세요?

전문가세요?

인간과 AI,
내러티브 이해와 창작

권호창

대한민국, 서울, 커뮤니케이션북스, 2025

인간과 AI, 내러티브 이해와 창작

지은이 권호창
펴낸이 박영률

초판 1쇄 펴낸날 2025년 11월 3일

커뮤니케이션북스(주)
출판 등록 2007년 8월 17일 제313-2007-000166호
02880 서울시 성북구 성북로 5-11
전화(02) 7474 001, 팩스(02) 736 5047
commbooks@commbooks.com
www.commbooks.com

ISBN 979-11-430-1392-7 03500

책값은 뒤표지에 표시되어 있습니다.

차례

인간과 AI는 내러티브를 어떻게 이해하고 창작하는가

인간은 이야기를 통해 세상을 이해하고 자신의 경험을 의미화하는 존재다. 동시에 우리는 AI가 놀라운 수준의 내러티브 능력을 보여주는 시대에 살고 있다. ChatGPT, Claude, Gemini와 같은 대규모 언어 모델들은 일관성 있는 이야기를 생성하고, 복잡한 텍스트를 해석하며, 인간과 자연스러운 대화를 나눈다. 이러한 변화는 내러티브를 인간의 고유 영역으로 여겨왔던 기존 관념에 근본적 질문을 제기한다.

AI는 정말로 내러티브를 '이해'하는가? 그것이 생성하는 텍스트를 '창작'이라고 부를 수 있는가? 인간의 내러티브 처리 방식과 AI의 그것 사이에는 어떤 본질적 차이가 있는가? 그리고 이 둘이 만나는 지점에서 어떤 새로운 가능성이 열릴 수 있는가? 이러한 질문들은 단순한 학문적 호기심을 넘어서, 급변하는 기술 환경 속에서 인간의 정체성과 창작 활동의 미래를 가늠케 하는 핵심적 쟁점들이다.

기존 연구들은 주로 AI의 기술적 성능이나 응용 사례에 초점을 맞춰왔다. 내러티브 생성 시스템의 구현 방법이나 특정 태스크에서의 성과 평가가 연구의 중심이었다. 그러나 이러한 접근만으로는 인간과 AI의 내러티브 능력이 갖는 근본적 성격과 그 차이의 본질을 파악하기 어렵다. 기술적 구현과 철학적 성찰, 정량적 평가와 질적 분석, 개별 기능과 통합적 시스템 사이의 간극을 메우는 새로운 접근이 필요하다.

이 책은 인간과 AI의 내러티브 이해 및 창작을 '과정' 중심의 관점에서 체계적으로 비교 분석한다. 완성된 텍스트 자체보다는 그것을 이해하고 창작하는 역동적 과정에 주목하며, 이를 통해 두 주체의 고유한 특성과 근본적 차이를 규명하고자 한다. 특히 야콥슨의 커뮤니케이션 모델에서 출발하여 구조주의 서사학에서 발전시킨 내러티브 커뮤니케이션의 다층위적 구조를 분석틀로 활용한다. 행동, 서술, 허구적, 현실적 층위로 구성된 이 4층위 구조를 통해 내러티브 커뮤니케이션의 복합성을 체계적으로 탐구하고, 각 층위에서 인간과 AI가 보이는 서로 다른 처리 방식을 구체적으로 비교할 수 있다.

이론적 정교함과 함께 이 책이 추구하는 또 다른 목표는 현실적 함의의 도출이다. 해석학과 현상학의 철학적 통찰, 인지과학과 신경과학의 실증적 발견, 컴퓨터과학의 기술적 성취를 통합하여 AI 시대 내러티브의 변화상을 전체적으로 조망한다. 또한 인간의 체화된 경험에 기반한 해석학적 이해와 AI의 패턴 인식에 기반한 통계적 처리, 실존적 동기에서 출발하는 인간의 창작과 확률적 최적화에 의존하는 AI의 생성 사이의 근본적 차이를 명확히 규명하고자 한다. 이러한 차이는 우열의 문제가 아니라 서로 다른 존재론적 토대에서 비롯되는 질적 구별이며, 각각의 고유한 가치와 한계를 인정하는 것이 출발점이다.

이 책의 구성

전체 10개 장은 크게 세 부분으로 나눌 수 있다. 첫 번째 부분인 1장에서는 내러티브 이해와 창작을 통합적으로 분석하기 위한 이론적 프레임워크를 구축한다. 야콥슨의 커뮤니케이션 모델이 내러티브 연구에 적용되어 온 과정을 검토하고, 구조주의 서사학의 성과를 바탕으로 4층위 커뮤니케이션 구조를 체계화한다. 4층위 구조 내에서 창작자와 수용자가 어떻게 상호작용하며 의미를 구성하는지 분석하여, 후속 장들의 이론적 기반이 되는 핵심 분석틀을 제시한다.

두 번째 부분인 2장부터 7장까지는 내러티브 이해(2~4장)와 창작(5~7장)을 각각 체계적으로 탐구한다. 2장에서는 내러티브 이해의 본질을 철학적, 인지과학적 관점에서 규명한다. 해석학적 순환과 지평 융합, 다층위적 처리와 인지적 복잡성, 시간성과 문화적 맥락이라는 특성들을 통해 진정한 이해가 단순한 정보 처리를 넘어선 존재론적 사건임을 보여준다. 3장에서는 인간과 AI의 내러티브 이해 방식을 직접 비교한다. 선이해와 학습된 패턴, 메타인지적 능력과 구조적 처리, 체험적 공감과 모델링 사이의 근본적 차이를 구체적으로 분석하며, 각각의 고유한 특성과 한계를 규명한다. 4장에서는 AI 내러티브 이해의 기술적 메커니즘을 상세히 탐구한다. 신경망 아키텍처와 표현 학습, 추론 메커니즘과 다층위적 처리, 평가 방법론과 측정의 한계를 체계적으로 검토하여 현재 기술의 실제 능력을 정확히 파악한다. 5장부터 7장까지는 내러티브 창작의 영역을 다룬다. 5장에서는 창작의 본질을 철학적, 미학적 관점에서 탐구한다. 존재론적 차원과 의도성, 독창성과 변형, 시간성과 세계 구축, 다층위적 의미 전달이라는 특성들을 통해 창작이 단순한 정보 조합을 넘어선 존재론적 행위임을 규명한다. 6장에서는 인간과 AI의 창작 방식을 비교 분석한다. 실존적 동기와 함수적 최적화, 체화된 경험과 데이터 패턴, 시스템적 창의성과 조합적 생성 사이의 차이를 구체적으로 검토하며, '창작'과 '생성'이라는 용어 구분의 존재론적 의미를 고찰한다. 7장에서는 AI 내러티브 생성의 기술적 메커니즘을 상세히 분석한다. 대규모 언어 모델의 아키텍처와 학습 과정, 프롬프트 엔지니어링과 파인튜닝 기법, 생성 전략과 제어 방법들을 체계적으로 살펴보고, 현재 성과와 한계를 구체적으로 평가한다.

세 번째 부분인 8장부터 10장까지는 이해와 창작의 관계, 그리고 미래 전망을 다룬다. 8장에서는 내러티브 이해와 창작 간의 순환과 단절을 탐구한다. 인간에게서 나타나는 피드백 순환과 상호 강화, AI에서 나타나는 구조적 분리와 비대칭성을 분석하며, LLM의 환각 현상을 이러한 관점에서 재해석한다. 9장에서는 인간-AI 협업의 구체적 설계 방안을 제시한다. CSCW(Computer-Supported Cooperative Work) 관점에서 협업의 특수성을 분석하고, 내러티브 영역에 특화된 아키텍처와 역할 분담, 품질 관리와 창의성 증진 방안을 체계적으로 제안한다. 10장에서는 AI 시대 내러티브의 미래를 전망한다. 유발 하라리의 AI 스토리텔링 위험론을 비판적으로 검토하고, 자본주의 체제와의 상호 관계를 분석하여 기술 발전이 사회경제적 맥락에서 어떻게 작동하는지를 규명한다.

비판적 성찰을 위한 분석적 토대

이 책은 AI에 대한 기술 유토피아주의와 디스토피아 담론 모두를 경계하며, 인간과 AI의 내러티브 능력에 대한 냉정하고 정확한 분석을 지향한다. AI의 가능성을 과장하지도 않고 그 한계를 과소평가하지도 않으며, 인간의 능력을 신화화하지도 않고 그 제약을 간과하지도 않는다. 대신 각각의 고유한 특성과 작동 메커니즘을 있는 그대로 파악하여, 실질적이고 구체적인 분석의 토대를 마련하고자 한다. 특히 내러티브 영역에서의 변화가 자본주의 체제와 맺는 복잡한 상호 관계에 대한 비판적 분석이 필수적임을 강조한다. 기술 발전은 중립적이지 않으며, 특정한 사회경제적 맥락에서 특정한 방향으로 추진된다. AI 내러티브 기술의 발전과 확산이 창작 노동의 변화, 문화 산업의 재편, 공론장의 변형 등에 미치는 영향을 면밀히 검토해야 한다. 이러한 구조적 분석 없이는 기술 변화의 진정한 의미와 방향을 파악할 수 없다.

이 책이 제시하는 분석틀과 통찰들이 향후 연구의 토대가 되기를 바란다. 인간과 AI의 내러티브 능력은 여전히 발전하고 있으며, 그 상호 관계 역시 지속적으로 진화할 것이다. 이 책은 그러한 변화를 이해하고 비판적으로 성찰하기 위한 이론적 도구를 제공하며, 동시에 더 깊이 있는 후속 연구를 위한 출발점이 되고자 한다. 급속한 기술 발전 속에서 그에 대한 체계적 분석과 비판적 성찰이 부족한 현실에서, 이 책이 분석적 토대 구축에 기여할 수 있기를 기대한다.

01
내러티브 커뮤니케이션 모델

내러티브는 단순한 정보 전달이 아니라 다층위적 커뮤니케이션 구조를 갖는다. 야콥슨의 커뮤니케이션 모델을 확장하여 행동, 서술, 허구적, 현실적 층위로 구성된 4층위 구조를 제시한다. 각 층위는 서로 다른 코드 체계를 가지며, 층위를 넘나드는 창작자와 수용자 간의 역동적 상호작용을 통해 의미는 협상적으로 구성된다. 4층위의 내러티브 커뮤니케이션 모델은 인간과 AI의 체계적 비교를 위한 프레임워크가 된다.

기후 위기와 인공지능?

로만 야콥슨의 커뮤니케이션 모델과 내러티브

로만 야콥슨(Roman Jakobson)이 1960년 제시한 커뮤니케이션 모델은 현대 언어학과 커뮤니케이션 이론의 핵심 토대가 되어 왔다. 야콥슨은 모든 언어적 커뮤니케이션이 화자(addresser), 수신자(addressee), 메시지(message), 맥락(context), 접촉(contact), 코드(code)라는 6가지 구성 요소로 이루어진다고 보았다(Jakobson, 1960). 각 구성 요소는 특정한 언어 기능과 대응되는데, 지시적(referential) 기능은 맥락 중심의 정보 전달을, 표현적(emotive) 기능은 화자의 정서와 태도 표현을, 능동적(conative) 기능은 수신자에 대한 영향력 행사를, 시적(poetic) 기능은 메시지 형식에 대한 주목을, 교감적(phatic) 기능은 접촉 확인과 유지를, 메타언어적(metalingual) 기능은 코드 자체에 대한 설명을 담당한다.

이 모델은 구조주의 언어학에 체계적 분석틀을 제공했으며, 문학 연구에서도 텍스트의 미학적 차원을 분석하는 중요한 도구로 활용되었다. 그러나 야콥슨 모델은 일방향적 전달 과정에 초점을 맞춘 한계가 있었다. 이후 데이비드 벌로(David Berlo)는 Source-Message-Channel-Receiver 모델에서 각 요소 간 상호작용적 특성을 연구하였고(Berlo, 1960), 딘 반룬드(Dean Barnlund)는 거

래적(transactional) 관점을 제시하여 커뮤니케이션 참여자들이 동시에 송신자이자 수신자가 되는 복합적 과정임을 밝혔다(Barnlund, 1970). 이러한 확장 연구들은 피드백 시스템의 도입, 맥락의 역동성, 커뮤니케이션의 동시성과 연속성을 핵심 특징으로 제시했다. 이를 통해 의미란 단순히 전달되는 것이 아니라 상호작용을 통해 협상되고 구성된다는 구성주의적 관점이 널리 받아들여지게 되었다(Craig, 1999).

내러티브 연구 영역에서도 확장된 야콥슨 모델을 적용하려는 시도들이 활발히 전개되었다. 이러한 시도의 핵심은 6가지 구성 요소와 기능을 내러티브 특성에 맞게 재해석하는 것이었다. 초기 연구들은 화자를 작가나 서술자로, 수신자를 독자로 단순 대응시키는 방식을 취했으나, 점차 내러티브의 복잡성을 반영한 보다 정교한 적용이 시도되었다. 메시지는 스토리와 담화(discourse)가 결합된 내러티브 텍스트로, 맥락은 작품이 창조하는 허구적 세계나 역사적 배경으로, 접촉은 서사가 전달되는 매체(구술, 문자, 영상 등)와 장르적 관습으로, 코드는 내러티브 이해를 위한 문학적 · 문화적 규약으로 변환되었다. 6가지 기능 역시 내러티브 맥락에서 재해석되어, 지시적 기능은 허구적 세계의 재현을, 표현적 기능은 작가나 서술자의 태도 표현을, 능동적 기능은 독자에 대한 영향력 행사를, 시적 기능은 서사적 형식과 미학적 구조에 대한 주목을, 교감적 기능은 작가-독자 간 소통 채널 확인을, 메타언어적 기능은 서사 자체에 대한 성찰을 담당하는 것으로 이해되었다.

내러티브 커뮤니케이션의 다층위적 구조

그러나 야콥슨 모델은 내러티브에 적용하는 데 근본적인 한계를 가지고 있었다. 내러티브 커뮤니케이션은 단순한 '발신자-메시지-수신자' 구조가 아니라, 이러한 커뮤니케이션 쌍이 여러 겹 중첩되는 복합적이고 위계적인 다층위 구조를 갖기 때문이다. 구조주의 서사학은 이러한 구조적 복잡성을 체계적으로 분석해 왔다.

제라르 주네트(Gérard Genette)는 스토리 세계 내 등장인물 간 커뮤니케이션과는 구분되는 서술(narration)의 독립적 층위가 존재함을 정교하게 논증했다(Genette, 1980). 주네트가 디제시스(diegesis)라고 명명한 이 서술 층위는 서술자와 피화자 간의 고유한 소통 공간을 형성한다. 이는 등장인물들의 직접적 행동과 대화가 이루어지는 스토리 세계의 미메시스(mimesis) 층위와 때로는 구별되고 때로는 겹쳐진다. 이후 웨인 부스

(Wayne Booth))가 『소설의 수사학』에서 제시한 '내포 작가'(implied author) 개념이 내러티브 커뮤니케이션 이론에 중요한 전환점을 제공했다(Booth, 1961). 부스는 실제 작가와 서술자 사이에 위치하는 중간적 존재로서 내포 작가라는 개념을 제안했는데, 이는 텍스트를 통해 구성되는 작가의 형상으로서 작품의 전체적 가치관과 세계관을 구현하는 역할을 담당한다. 이에 대응하여 '내포 독자'(implied reader) 개념도 정립되었는데, 이는 텍스트가 전제하는 이상적 수용자로서 작품 이해에 필요한 문화적 지식과 해석 능력을 갖춘 존재를 의미한다.

시모어 채트먼(Seymour Chatman)과 월러스 마틴(Wallace Martin) 등은 이러한 중층적 구조를 더욱 정교화하였다. 오늘날 구조주의 서사학에서 통용되는 내러티브 커뮤니케이션 구조는 다음과 같은 중첩된 4층위로 이루어진다.

첫째, 행동 층위(Level of Action)는 등장인물들 간의 직접적 대화와 상호작용이 펼쳐지는 가장 내부의 층위다. 이는 좁은 의미의 미메시스에 해당하며, 텍스트에서 가장 명시적으로 드러나는 소통 차원이다. 여기서는 등장인물들이 공유하는 일상적 맥락과 사회적 코드가 작동한다. 현실의 대인 커뮤니케이션과 유사하지만, 서사적 목적에 의해 선택되고 구성된다는 특징을 갖는다.

둘째, 서술 층위(Level of Fictional Mediation and Discourse)는 서술자(narrator)와 피화자(narratee) 간 소통이 이루어지는 영역으로, 주네트의 디제시스에 해당한다. 서술자는 특정 시점에서 피화자에게 이야기를 전달하며, 이는 실제 텍스트의 언어적 실현 차원을 구성한다. 시제, 양태, 초점화, 서술 거리 등의 서사 문법적 코드가 핵심적으로 작동하여 서술자와 피화자 간 관계를 규정하고 의미 전달 방식을 결정한다.

셋째, 허구적 층위(Level of Implied Fictional Communication)는 내포 작가와 내포 독자 간의 암묵적 소통이 전개되는 공간이다. 내포 작가는 텍스트를 통해 특정한 허구적 세계를 창조하고 그 안에서 작동하는 코드 체계를 구축한다. 내포 독자는 이러한 코드를 해독할 수 있는 이상적 수용자로 전제된다. 이 층위는 예술 제도의 차원이며 비가시적이고 암묵적 성격을 갖는다. 장르적 관습, 문학적 전통, 미학적 코드가 주요하게 작동하며, 텍스트의 전체적 통일성과 의미가 구성된다.

넷째, 현실적 층위(Level of Non-fictional Communication)는 실제 작가와 실제 독자가 만나는 가장 외부의 층위다. 이들은 특정한 사회 역사적 현실에 속한 구체적 인물들이며, 그들의 현실적 맥락은 동일할 수도, 상이할 수도 있다. 사회 문화적 맥락과 이데올로기적 코드가 작동하며 출판 제도, 문학 시장, 비평 담론, 사회적 가치 등이 텍스트의 생산과 수용에 영향을 미친다.

이러한 4개 층위는 분리된 영역이 아니라 상호 연결되고 참조하는 통합적 커뮤니케이션 체계를 형성한다. 고정된 위계가 아니라 서로 침투하고 영향을 주고받는 역동적 관계인 것이다. 내러티브의 복잡성과 풍부함은 바로 이러한 층위 간 경계 넘나들기에서 비롯된다. 메타 픽션은 이러한 경계 해체의 대표적 사례다. 행동 층위의 등장인물이 허구적 층위의 내포 작가를 의식하거나, 현실적 층위의 작가가 서술 층위에 직접 개입하는 경우들이 그것이다. 예를 들어, 세르반테스의 『돈키호테』에서 주인공이 자신에 관한 책이 출간되었다는 사실을 알게 되는 상황이나, 커트 보니것(Kurt Vonnegut)의 『제5도살장』에서 작가가 서술 중간에 등장하여 독자에게 직접 말을 거는 경우 등이다.

창작자와 수용자의 역동적 상호작용과 의미의 구성

내러티브 커뮤니케이션에서 층위 간 경계 넘나들기가

발생하는 근본적 메커니즘은 창작자와 수용자 간의 역동적 상호작용이다. 창작자와 수용자는 각기 상이한 목표와 욕망을 갖지만, 그들의 창작과 수용 과정은 긴밀하게 엮여 있으며, 시스템 이론에서 말하는 피드백 구조를 갖는다(Grishakova & Poulaki, 2019).

수용자는 각 층위의 코드를 해석하고 통합하는 '디코딩' 과정을 통해 능동적으로 의미를 '재창작'함으로써 텍스트를 '이해'한다. 이는 단순한 수동적 수용이 아니라 텍스트와의 대화를 통한 적극적 의미 구성 과정이다. 독자는 내러티브의 빈 곳 혹은 틈(gaps)을 자신의 경험과 지식으로 채우고, 암시된 내용을 추론하며, 층위 간의 관계를 파악하여 전체적 의미를 구성한다. 이 과정에서 독자의 문화적 배경, 개인적 경험, 해석 능력이 텍스트와 만나 새로운 의미 가능성을 창출한다. 동시에 창작자는 잠재적 수용자의 이해 과정을 예상하며 텍스트를 구성하고 코드를 조직하는 '인코딩' 과정, 즉 '선수용'을 통해 '창작'한다. 움베르토 에코(Umberto Eco)가 지적한 바와 같이, 창작자는 모델 독자(model reader)를 염두에 두고 텍스트를 설계한다(Eco, 1979). 이는 독자의 해석 능력과 문화적 배경을 고려하여 적절한 수준의 명시성과 암시성을 조절하고, 독자가 능동적으로 참여할 수 있는 텍스트 구조를 구성하는 전략적 행위다.

내러티브의 의미는 창작자에 의해 일방적으로 결정되는 것도, 수용자에 의해 임의적으로 구성되는 것도 아니다. 창작자는 의미 구성의 방향을 제시하고, 수용자는 자신의 맥락적 지식과 경험을 바탕으로 이에 응답하는 지속적 '협상'이 이루어진다. 이러한 협상은 각 층위에서 서로 다른 방식으로 전개된다. 행동 층위에서는 등장인물들의 언행을 통해, 서술 층위에서는 서술 기법과 문체를 통해, 허구적 층위에서는 장르적 관습과 미학적 코드를 통해, 현실적 층위에서는 사회 문화적 맥락을 통해 의미가 협상된다. 이 과정에서 독자의 창조적 오독, 텍스트의 다의성과 모호성, 문화적 맥락의 변화 등이 새로운 해석 가능성을 열어놓는다. 이러한 상호작용 과정에서 예상치 못한 의미의 창발이 일어나기도 한다. 창작자의 의도와 수용자의 해석 차이, 각 층위 코드 간의 불일치나 모순은 때로 새로운 의미 생성의 동력이 된다. 이는 내러티브 커뮤니케이션이 완결된 의미 전달이 아니라 열린 의미 구성의 과정임을 보여준다. 텍스트는 고정된 의미의 저장소가 아니라 의미 생성의 잠재적 공간이며, 창작자와 독자는 이 공간에서 끊임없이 새로운 의미를 협상하고 구성해 나간다(Gadamer, 1975).

이 장에서 구축한 내러티브 커뮤니케이션 모델은 후속 장들에서 전개될 인간과 AI의 내러티브 이해 및 창작 방식 비교 분석을 위한 핵심적 준거 틀을 제공한다. 야콥슨의 커뮤니케이션 모델을 내러티브의 특수성에 맞게 확장하여 도출한 4층위 구조—행동, 서술, 허구적, 현실적 층위—는 내러티브 처리의 복합성과 다차원성을 체계적으로 분석할 수 있는 이론적 도구가 된다.

이 모델이 인간-AI 비교 연구에서 갖는 의의는 다음과 같다. 첫째, 각 층위에서 작동하는 서로 다른 코드 체계(일상적, 서사 문법적, 미학적, 이데올로기적)를 통해 인간의 문화적 학습과 AI의 패턴 인식 방식의 차이를 구체적으로 분석할 수 있다. 둘째, 층위 간 상호작용과 경계 넘나들기를 통해 인간의 메타인지적 능력과 AI의 구조적 처리 방식의 차이를 규명할 수 있다. 셋째, 창작자와 수용자 간의 의미 협상 과정을 통해 인간의 해석학적 순환과 AI의 확률적 생성 간의 근본적 차이를 탐구할 수 있다.

무엇보다 이 모델은 내러티브를 단순한 정보 전달이나 패턴 조합이 아닌, 다층위적 의미 구성과 창조적 협상의 장으로 이해할 수 있게 한다. 이러한 관점에서 제2장부터 제4장까지는 내러티브 이해의 철학적 토대와 인간-AI 비교 분석을, 제5장부터 제7장까지는 내러티브 창작의 존재론적 특성과 기술적 메커니즘을, 제8장과 제9장에서는 이해와 창작의 순환 관계와 협업 가능성을 체계적으로 탐구하게 될 것이다.

참고문헌

Barnlund, D. C.(1970). A transactional model of communication. In Sereno, K. K. & Mortensen, C. D.(eds.). *Foundations of communication theory*, pp.83~102. Harper & Row.

Berlo, D. K.(1960). *The process of communication: An introduction to theory and practice*. Holt, Rinehart & Winston.

Booth, W. C.(1961). *The rhetoric of fiction*. University of Chicago Press. 최상규 옮김(1999). 《소설의 수사학》. 예림기획.

Chatman, S.(1978). *Story and discourse: Narrative structure in fiction and film*. Cornell University Press. 홍재범 옮김(2019). 《이야기와 담화》. 호모루덴스.

Craig, R. T.(1999). Communication theory as a field. *Communication Theory, 9*(2), pp.119~161.

Eco, U.(1979). *The role of the reader: Explorations in the semiotics of texts*. In Cancogni, A.(trans.). Indiana University Press.

Gadamer, H. G.(1975). *Truth and method*. In Barden, G. & Cumming, J.(trans.). Seaburry Press. 이길우 외 옮김(2012). 《진리와 방법 1》. 임홍배 옮김(2012). 《진리와 방법 2》. 문학동네.

Genette, G.(1980). *Narrative discourse: An essay in method*. In Lewin, J. E.(trans.). Cornell University Press. 권택영

옮김(1992). 《서사담론》. 교보문고.

Grishakova, M. & Poulaki, M.(2019). *Narrative complexity: Cognition, embodiment, evolution.* University of Nebraska Press.

Jakobson, R.(1960). Closing statement: Linguistics and poetics. In Sebeok, T. A.(ed.). *Style in language*, pp.350~377. MIT Press.

Martin, W.(1986). *Recent theories of narrative.* Cornell University Press.

02
내러티브 이해의 의미

내러티브 이해는 단순한 정보 처리가 아닌 존재론적 사건이다. 해석학적 순환과 지평 융합을 통해 독자의 선이해와 텍스트가 만나 새로운 의미가 창발한다. 진정한 이해는 추론적 처리, 공감적 이해, 정신적 시뮬레이션이 통합적으로 작동하는 과정이며, 시간성과 문화적 맥락 속에서 끊임없이 재구성된다. 이러한 특성은 내러티브 이해가 체화된 경험과 문화적 학습에 깊이 뿌리박은 인간적 행위임을 보여준다.

노래하는 AI 보컬?

이해의 철학적 기초: 해석학적 순환과 의미 구성

내러티브 이해를 논하기 전에 '이해'라는 행위 자체의 본질을 검토해야 한다. 한스 게오르크 가다머(Hans-Georg Gadamer)의 철학적 해석학은 이해를 단순한 정보 처리가 아닌 존재론적 사건으로 규정한다. 가다머에 따르면, 이해는 이해하는 주체의 '선이해(Vorverständnis)'와 텍스트가 제시하는 새로운 지평이 만나는 '지평 융합(Horizontverschmelzung)'의 과정이다(Gadamer, 1975). 이러한 해석학적 이해 개념은 내러티브 이해에 중요한 시사점을 제공한다. 독자는 빈 상태에서 텍스트를 만나는 것이 아니라 자신의 경험적 지평, 문화적 배경, 언어적 선이해를 가지고 텍스트와 대화한다. 그러므로 내러티브 이해는 이러한 선이해가 텍스트의 지평과 만나면서 새로운 의미가 창발하는 역동적 과정이다.

해석학적 순환(Hermeneutischer Zirkel) 개념은 내러티브 이해의 특성을 더욱 명확히 드러낸다. 의미는 부분과 전체, 텍스트와 컨텍스트, 독자의 현재와 텍스트의 과거가 상호 규정하는 순환적 관계 속에서 구성된다. 개별 문장은 전체 서사 맥락에서, 전체 서사는 개별 요소들의 상호작용을 통해 의미를 얻는다. 이는 단순한 논리적 추론이나 정보 집합과는 질적으로 다른 이해 양식이다.

내러티브 이해에서 의미는 텍스트에 미리 저장되어 있는 것이 아니라 독자와의 만남에서 구성된다. 롤랑 바르트(Rolan Barthes)가 말한 것처럼, 텍스트는 의미의 저장소가 아니라 의미 생성의 공간이다. 독자는 텍스트의 빈 곳 혹은 틈을 자신의 지식과 경험으로 채우고, 암시된 내용을 추론하며, 층위 간의 관계를 파악하여 전체적 의미를 구성한다(Iser, 1978). 이 과정에서 독자의 문화적 배경, 개인적 경험, 해석 능력이 텍스트와 만나 새로운 의미 가능성을 창출한다.

다층위적 이해와 인지적 복잡성

4층위의 내러티브 커뮤니케이션 구조는 내러티브 이해의 복잡성을 구체적으로 드러낸다. 각 층위는 서로 다른 이해의 양식과 인지적 처리를 요구하며, 진정한 내러티브 이해는 이 모든 층위를 통합적으로 처리하는 능력에 달려 있다.

행동 층위에서 이해는 등장인물들의 발화와 행동을 그들이 처한 상황 맥락에서 파악하는 것이다. 이는 일상적 대인 커뮤니케이션 이해와 유사하지만, 허구적 세계라는 특수성을 갖는다. 독자는 등장인물의 언행을 단순히 문자 그대로 받아들이는 것이 아니라 그들의 의도, 감정, 사회적 관계, 권력 구조를 추론해야 한다. 예를 들어, 제인 오스틴의 『오만과 편견』에서 다아시가 엘리자베스에게 처음 청혼할 때의 장면에서, 독자는 그의 발화가 표면적으로는 사랑 고백이지만 실제로는 계급 의식과 편견을 드러낸다는 것을 읽어내야 한다.

서술 층위에서 이해는 서술자의 관점, 시간 구성, 초점화 등 서사 기법을 파악하는 것이다. 독자는 서술자가 누구인지, 얼마나 신뢰할 만한지, 어떤 정보를 숨기거나 강조하는지를 판단해야 한다. 신뢰할 수 없는 서술자(unreliable narrator)가 등장하는 영화나 소설에서 관객이나 독자는 서술자의 말과 실제 상황 사이의 간극을 인식해야 한다. 크리스토퍼 놀란의 영화 〈메멘토〉에서 관객은 주인공의 기억 상실증으로 인한 왜곡된 서술을 파악하며 진실을 재구성해야 한다.

허구적 층위에서 이해는 작품의 미학적 구조, 장르적 관습, 상호텍스트적 관계를 파악하는 것이다. 독자는 텍스트가 어떤 문학적 전통에 속하는지, 어떤 장르적 기대를 설정하거나 위반하는지, 다른 작품들과 어떤 대화를 나누는지를 인식해야 한다. 보르헤스의 단편들을 이해하려면 독자는 미로, 도서관, 거울 등의 상징체계뿐만 아니라 그가 참조하는 철학적, 문학적 전통들을 함께 고려해야 한다.

현실적 층위에서 이해는 작품이 생산되고 수용되는 사회 역사적 맥락을 파악하는 것이다. 독자는 작가의 시대적 배경, 작품이 다루는 사회적 이슈, 당대의 이데올로기적 갈등 등을 고려하여 텍스트를 읽는다. 넷플릭스 드라마 〈오징어 게임〉을 이해하려면 한국 사회의 경제적 불평등, 신자유주의적 경쟁 문화, 전통 놀이의 향수 등을 함께 고려해야 한다.

이해의 통합적 인지 과정

내러티브 이해는 여러 인지적 메커니즘이 유기적으로 연결되어 작동하는 통합적 과정이다. 추론적 처리, 공감적 이해, 정신적 시뮬레이션은 독립적인 기능이 아니라 서로 상호작용하며 내러티브 세계에 대한 포괄적 이해를 구성한다.

추론적 처리는 이 통합적 과정의 기초적 토대를 제공한다. 내러티브는 모든 것을 명시적으로 서술하지 않기 때문에, 독자는 텍스트의 빈 공간을 자신의 지식과 경험으로 채우는 추론 과정을 통해 이해를 완성한다. 이는 단순한 논리적 추론을 넘어서 상황적, 심리적, 문화적 추론을 포함한다. 예를 들어, 뉴스 다큐멘터리에서 인터뷰

대상자가 질문에 답하기를 주저할 때, 시청자는 그가 무엇인가 숨기고 있거나 민감한 사안이라고 추론한다. 이러한 추론은 인간의 행동 패턴에 대한 일반적 지식과 특정 상황에 대한 맥락적 이해를 바탕으로 한다.

공감적 이해는 추론적 처리 위에서 작동하면서 동시에 그것을 풍부하게 만든다. 독자는 등장인물의 감정과 동기를 이해하기 위해 자신을 그들의 상황에 투사한다. 이는 인지과학에서 말하는 '마음 이론(theory of mind)'과 밀접한 관련이 있다(Zunshine, 2006). 마음 이론은 타인의 정신 상태를 추론하는 능력으로, 내러티브 이해에서 등장인물의 믿음, 욕망, 의도를 파악하는 데 필수적이다. 공감적 이해는 추론을 통해 파악된 정보에 감정적 깊이를 더하고, 등장인물의 행동을 단순한 사실이 아닌 의미 있는 경험으로 변환시킨다.

정신적 시뮬레이션은 추론과 공감을 통합하여 역동적인 내러티브 경험을 만들어 낸다. 독자는 서사 세계의 '상황 모델(situation model)'을 구성하고, 이를 지속적으로 업데이트하며 서사의 전개를 따라간다(Morrow et al., 1989). 이 과정은 일종의 정신적 시뮬레이션으로, 독자는 가상적으로 서사 세계에 참여하며 상황의 변화와 등장인물의 반응을 예측한다. 스릴러 영화를 볼 때 관객이 느끼는 긴장감은 바로 이러한 시뮬레이션을 통해 등장인물과 함께 위험을 '경험'하기 때문이다.

이 세 메커니즘은 순차적으로 작동하는 것이 아니라 동시에, 상호 영향을 주고받으며 작동한다. 추론은 공감의 방향을 제시하고, 공감은 추론에 동기와 맥락을 제공하며, 시뮬레이션은 이 둘을 통합하여 생생한 내러티브 경험을 창출한다. 이러한 통합적 과정은 인간의 신체적, 감정적, 사회적 경험이 축적된 배경 위에서 가능하다. 개인의 삶의 경험, 사회적 관계, 문화적 학습이 내러티브 이해의 자원이 되며, 이를 통해 텍스트의 추상적 정보가 구체적이고 의미 있는 경험으로 변환된다.

이해의 시간성과 문화적 맥락

내러티브 이해는 정적인 결과가 아니라 시간 속에서 전개되는 역동적 과정이며, 동시에 특정한 문화적 맥락 안에서 형성되는 사회적 행위다.

시간성 차원에서 내러티브 이해는 순차적 처리와 소급적 재해석의 변증법적 과정이다. 내러티브는 시간적 순서에 따라 읽혀지며, 독자의 이해는 텍스트의 전개와 함께 진화한다. 새로운 정보는 기존의 이해를 확인하거나 수정하게 만든다. 특히 반전이나 새로운 관점의 도입은 독자로 하여금 이전 내용을 소급적으로 재해석하게 만든다. 영화 〈식스 센스〉에서 마지막 반전이 공개되면 관객은 이전 장면들을 완전히 새로운 관점에서 재해석하게 된다. 애거사 크리스티의 추리소설에서 범인이 밝혀지는 순간 독자는 그동안 무심코 지나쳤던 단서들을 새롭게 조명하며 전체 서사의 의미를 재구성한다. 내러티브 이해는 또한 끊임없는 기대 형성과 충족/좌절의 과정이다. 독자는 서사의 전개에 대한 예측을 세우고, 이것이 확인되거나 뒤집히는 경험을 통해 텍스트와 상호작용한다. 이러한 과정에서 서스펜스, 카타르시스 등의 미학적 효과가 발생한다. 때로는 해석의 불확정성과 다원성이 텍스트의 풍부함을 만들어 내며, '오독'이 새로운 의미 창출의 원동력이 되기도 한다.

문화적 맥락 차원에서 내러티브 이해는 특정한 문화의 상징체계, 가치 규범, 서사 전통에 대한 지식을 요구한다. 스탠리 피시(Stanley Fish)가 제시한 '해석 공동체(interpretive communities)' 개념은 이해가 특정한 문화적 맥락과 해석 관습에 의해 형성됨을 보여준다(Fish, 1980). 같은 내러티브라도 다른 문화적 배경을 가진 수용자들에게는 다르게 이해될 수 있다. 장르적 관습과 수용 전략 역시 내러티브 이해를 형성하는 중요한 요소다.

호러 영화를 보는 방식과 로맨틱 코미디를 보는 방식은 다르며, 수용자는 장르에 따라 서로 다른 기대와 해석 프레임을 적용한다. 예를 들어, 같은 '죽음' 장면이라도 호러 영화에서는 공포를, 멜로드라마에서는 슬픔을, 액션 영화에서는 긴장감을 주요하게 유발한다. 이러한 장르 인식은 문화적 학습을 통해 형성되는 암묵적 지식이다. 내러티브 이해는 이처럼 개인적 행위인 동시에 사회문화적으로 구성되는 집합적 행위라고 할 수 있다.

이 장에서 탐구한 내러티브 이해의 본질은 단순한 정보 처리나 패턴 인식을 넘어선 복합적 의미 구성 과정임을 보여준다. 해석학적 순환과 지평 융합으로서의 이해, 다층위적 구조의 통합적 처리, 추론과 공감과 시뮬레이션을 포함한 인지적 메커니즘, 시간성과 문화적 맥락이라는 특성들은 모두 내러티브 이해가 체화된 경험과 문화적 학습에 깊이 뿌리박은 인간적 행위임을 시사한다.

이러한 분석은 다음 장에서 인간과 AI의 내러티브 이해 방식을 비교할 때 핵심적인 준거점들을 제공한다. 인간의 선이해와 지평 융합이 AI의 학습된 패턴과 어떻게 다른지, 다층위적 구조의 메타인지적 처리를 AI가 구현할 수 있는지, 체화된 경험에 기반한 공감적 이해와 마음이론을 AI가 시뮬레이션할 수 있는지, 문화적 맥락과 해석 공동체의 역할을 AI가 학습할 수 있는지 등의 문제들이 탐구되어야 할 것이다. 무엇보다 내러티브 이해의 불완전성과 창조적 개방성이 AI의 확정적 처리 방식과 어떤 긴장을 만들어 내는지가 중요한 쟁점이 될 것이다.

참고문헌

Barthes, R.(1967). The death of the author. *Aspen*, 5-6.

Fish, S.(1980). *Is there a text in this class? The authority of interpretive communities*. Harvard University Press.

Gadamer, H. G.(1975). *Truth and method*. In Barden, G. & Cumming, J.(trans.). Seaburry Press. 이길우 외 옮김(2012). 《진리와 방법 1》. 임홍배 옮김(2012). 《진리와 방법 2》. 문학동네.

Iser, W.(1978). *The act of reading: A theory of aesthetic response*. Johns Hopkins University Press. 이유선 옮김(1993). 《독서행위》. 신원문화사.

Morrow, D. G. et al.(1989). Updating situation models during narrative comprehension. *Journal of Memory and Language, 28*(3), pp.292~312.

Zunshine, L.(2006). *Why we read fiction: Theory of mind and the novel*. Ohio State University Press.

03
인간과 AI의 내러티브 이해 비교 분석

인간의 내러티브 이해는 체화된 경험에 기반한 해석학적 과정인 반면, AI의 이해는 통계적 패턴 인식에 의존한다. 인간은 선이해와 메타인지적 능력을 통해 층위 간 상호작용을 직관적으로 파악하지만, AI는 각 층위를 순차적으로 처리한다. 또한 공감과 마음 이론에서 인간은 체험적 공명을, AI는 언어적 모델링을 보인다. 이러한 근본적 차이는 각각의 고유한 강점과 한계를 만들어 내며, 상호 보완적 관계의 가능성을 시사한다.

인공지능과 편향?

이해의 기초: 선이해와 학습된 패턴의 차이

인간과 AI의 내러티브 이해는 근본적으로 다른 토대 위에서 출발한다. 인간의 이해는 가다머(Gadamer, 1975)가 제시한 '선이해'의 개념으로 설명할 수 있는 반면, AI의 이해는 대규모 데이터 세트에서 학습된 통계적 패턴에 기반한다. 인간의 선이해는 개인의 생애사적 경험, 문화적 배경, 사회적 관계 속에서 형성된 체화된 지식 체계다. 이는 명시적으로 언어화되지 않은 암묵적 차원을 포함하며 감정적, 신체적 경험과 깊이 연결되어 있다(Merleau-Ponty, 1945). 예를 들어, 이별의 아픔을 다룬 드라마를 볼 때 인간은 자신의 개인적 경험을 통해 등장인물의 감정을 직관적으로 이해한다. 이러한 이해는 단순한 정보 처리가 아니라 과거의 감정적 기억과 현재의 내러티브 상황이 공명하는 체험적 과정이다. 독자는 텍스트의 빈 곳 혹은 틈을 자신의 경험으로 채우며 능동적으로 의미를 구성한다.

반면 AI의 '이해'는 텍스트나 영상 데이터에서 추출된 패턴의 통계적 분석에 기반한다. 대규모 언어 모델(Large Language Models)은 수십억 개의 문장에서 단어 간의 연관성, 문맥적 관계, 의미적 유사성을 학습하여 내러티브의 구조와 의미를 파악한다. 이는 매우 정교한 패턴 매칭 과정이지만, 개별적이고 주관적인 경험에 기반하지 않는다. AI가 '슬픔'이라는 개념을 처리할 때, 이는 해당 단어가 특정 맥락에서 나타나는 빈도와 다른 단어들과의 관계에 대한 통계적 지식이지, 실제 슬픔의 체험은 아니다.

이러한 차이는 내러티브 이해의 깊이와 방향성에 중요한 영향을 미친다. 인간의 선이해는 편향과 한계를 가지면서도 내러티브에 개인적 의미와 감정적 공명을 부여한다. AI의 패턴 학습은 개인적 편향에서 상대적으로 자유로우면서도 대규모 데이터의 집합적 지식을 활용할 수 있지만, 체험적 깊이는 부족하다. 인간은 때로 텍스트에 '과도한' 의미를 투사하기도 하지만, 바로 그러한 주관적 해석이 내러티브의 새로운 의미 차원을 열어놓는다. AI는 더 '객관적'이고 일관된 해석을 제공할 수 있지만, 예상치 못한 창의적 해석이나 개인적 통찰을 생성하기는 어렵다.

다층위적 구조 처리와 메타인지적 능력

그렇다면 제1장에서 제시한 4층위 커뮤니케이션 구조를 AI에도 적용할 수 있을까? 결론부터 말하자면 '그렇지 않다.' 4층위 커뮤니케이션 구조에 대해 인간과 AI는 현저한 차이를 보인다. 인간은 이 층위들을 동시적이고 통합적으로 처리하면서 층위 간의 상호작용과 경계 넘나들기를 직관적으로 파악한다. 반면 AI는 각 층위를 순차적이고 분석적으로 처리하는 경향이 있으며, 층위 간의 복합적 관계를 인식하는 데 한계가 있다.

행동 층위에서 인간은 등장인물의 대화를 들을 때 단순히 언어적 의미만이 아니라 억양, 표정, 몸짓, 상황적 맥락을 종합적으로 고려한다. 특히 반어법이나 빈정거림 같은 화용론적 현상을 자연스럽게 인식한다(Grice, 1975). 드라마에서 직장 상사가 "참 열심히 하네"라고 말할 때, 인간은 말의 톤, 표정, 상황을 종합하여 이것이 진심인지 비꼬는 것인지를 판단한다. 이는 사회적 경험과 감정 읽기 능력에 기반한 직관적 처리다. AI는 텍스트 분석을 통해 감정 분류나 의도 파악을 수행할 수 있지만, 미묘한 화용론적 맥락을 놓치는 경우가 많다(Jurafsky & Martin, 2023). 특히 문화적으로 특수한 의사소통 방식이나 암묵적 규칙에 의존하는 상황에서 이러한 한계가 두드러진다.

서술 층위에서 인간은 서술자의 신뢰성을 판단하고 숨겨진 의도를 추론하는 메타인지적 능력을 보인다(Palmer, 2004). 신뢰할 수 없는 서술자가 등장하는 작품에서 독자는 서술자의 말과 실제 상황 사이의 괴리를 감지하고, 진실을 재구성하려 시도한다. 이는 고차원적 사고 능력과 회의적 읽기 전략을 요구한다. 반면 AI는 서사 기법의 형식적 특징은 분석할 수 있지만, 서술자의 숨겨진 동기나 의도를 추론하는 데는 한계가 있다. 특히 아이러니나 패러디 같은 복합적 서사 전략을 인식하기 어려워한다.

허구적 층위에서 인간은 장르적 관습과 미학적 코드를 체화된 문화적 지식을 통해 인식한다. 호러 영화를 볼 때 관객은 특정한 음악이나 촬영 기법이 공포감을 조성한다는 것을 학습된 경험을 통해 안다. 이러한 장르 인식은 명시적 규칙이 아니라 반복적 노출을 통한 암묵적 학습의 결과다. AI는 장르 분류나 스타일 분석에서 높은 정확도를 보이지만, 이는 주로 형식적 특징의 패턴 매칭에 의존한다. 장르적 관습의 위반이나 창조적 변형, 패러디적 활용 같은 복합적 현상을 이해하는 데는 어려움을 겪는다.

현실적 층위에서 인간은 작품의 사회 역사적 맥락과 이데올로기적 함의를 자신의 사회적 경험과 정치적 의식을 통해 해석한다(Jameson, 1981). 특정 시대의 사회적 갈등이나 문화적 변화를 경험한 세대는 해당 맥락을 다른 내러티브에서 더 깊은 의미를 발견할 수 있다. 이는 개인의 사회적 위치성(positionality)과 밀접히 연관된 해석적 민감성이다. AI는 텍스트에 명시된 역사적 정보나 사회적 배경을 분석할 수 있지만, 그러한 맥락이 갖는 정치적, 이데올로기적 함의를 깊이 있게 파악하기는 어렵다.

공감과 마음 이론: 체험적 이해와 모델링의 간극

내러티브 이해에서 등장인물에 대한 공감과 마음 이론은 핵심적 역할을 한다. 인간과 AI는 이 영역에서 가장 극명한 차이를 보인다.

인간의 공감은 거울 뉴런 시스템(mirror neuron system)과 감정적 공명에 기반한 신경생물학적 과정이다 (Rizzolatti & Craighero, 2004). 영화에서 등장인물이 고통받는 장면을 볼 때, 인간은 실제로 스트레스 호르몬이 분비되고 심박수가 증가하는 생리적 반응을 보인다. 이는 단순한 인지적 이해를 넘어선 체화된 공감이다. 인간은 자신의 경험을 바탕으로 타인의 감정을 '느끼며' 이해한다. 이러한 공감적 이해는 내러티브에서 등장인물의 행동과 선택에 대한 깊이 있는 이해를 가능하게 한다. 마음 이론(theory of mind) 역시 인간에게는 일상적이고 직관적인 능력이다(Baron-Cohen, 1995). 스릴러 영화에서 주인공이 범인의 정체를 모르지만 관객은 알고 있는 상황(dramatic irony)에서, 관객은 주인공의 인지 상태와 자신의 인지 상태를 명확히 구분한다. 이러한 다중 관점 처리는 복잡한 서사 구조를 이해하는 데 필수적이며 서스펜스, 호기심, 놀라움 등의 감정적 반응과도 직결된다(Brewer & Lichtenstein, 1982).

AI의 '공감'은 텍스트 패턴에서 감정 표현을 인식하고 적절한 반응을 생성하는 모델링 과정이다. 최신 대규모 언어 모델들은 감정적으로 적절한 응답을 생성할 수 있지만, 이는 실제 감정의 체험이 아니라 언어적 패턴의 모방이다(Marcus, 2018). AI는 '슬픔을 이해한다'고 말할 수 있지만, 실제로는 슬픔과 연관된 언어적 표현들 사이의 통계적 관계를 학습한 것이다. AI의 마음 이론 처리 역시 단순한 수준에 머무른다. 단순한 믿음-욕망-의도의 추론은 가능하지만, 복잡한 심리적 상태나 모순적 감정, 무의식적 동기 같은 미묘한 정신적 현상을 다루기는 어렵다(Kosinski, 2023). 특히 등장인물이 자신의 감정을 정확히 인식하지 못하거나 상반된 감정을 동시에 느끼는 복합적 상황에서 AI는 일관성 있는 해석을 하지 못하는 경우가 많다.

그러나 AI는 대규모 데이터에서 학습한 다양한 심리적 패턴을 종합할 수 있다는 장점이 있다. 수많은 내러티브에서 등장하는 인간 행동의 패턴을 분석하여, 개별 인간이 놓칠 수 있는 일반적 경향이나 통계적 규칙성을 파악할 수 있다. 이는 인간의 직관적 이해를 보완하는 분석적 통찰을 제공할 가능성이 있다.

맥락성과 해석 전략: 상황적 지능과 알고리즘적 처리의 한계

내러티브 이해에서 맥락 파악과 해석 전략의 선택은 결정적 중요성을 갖는다. 인간과 AI는 이 영역에서 서로 다른 방식으로 접근하며, 각각 고유한 강점과 약점을 보인다.

인간의 맥락 이해는 상황적 지능(situated intelligence)에 기반한다(Clark, 2008). 같은 내러티브라도 읽는 시점, 개인적 상황, 사회적 맥락에 따라 다르게 해석된다. 경제적 어려움을 겪고 있는 사람이 『레 미제라블』의 장 발장을 이해하는 방식과 안정적인 중산층이 이해하는 방식은 다를 수밖에 없다. 이러한 상황적 맥락은 내러티브에 개인적 의미와 현재적 관련성을 부여한다. 인간은 또한 내러티브의 모호성과 불확정성을 창조적 해석의 기회로 활용한다. 데이비드 린치의 〈멀홀랜드 드라이브〉나 크리스토퍼 놀란의 〈인셉션〉 같은 복잡한 서사 구조를 가진 작품에서, 관객들은 서로 다른 해석을 제시하고 토론하며 작품의 의미를 확장시킨다. 이러한 해석적 다원성은 내러티브의 생명력과 지속적 관심을 만들어 낸다.

AI의 맥락 처리는 주로 텍스트 내부의 언어적 단서에 의존한다(Vaswani et al., 2017). 문장 간의 의미적 연관성, 등장인물 간의 관계, 시간적 순서 등을 파악하여 일관된 해석을 구성하려 한다. 이는 논리적이고 체계적이지만, 텍스트 외부의 상황적 맥락이나 문화적 배경을 충분히 반영하지 못할 수 있다. 특히 긴 시퀀스 처리에서 AI는 중요한 한계를 보인다. 이론적으로는 트랜스포머(transformer) 아키텍처의 self-attention 메커니즘이 모든 토큰 간의 직접적 상호작용을 가능하게 하지만, 실제로는 여러 문제가 발생한다. 긴 시퀀스에서는 attention이 희석되고 노이즈가 증가하며, 모델들은 시퀀스의 시작과 끝 부분 정보에 편향되어 중간 부분의 중요한 정보를 놓치는 경향을 보인다(Liu et al., 2023). 더욱이 계산 복잡도가 시퀀스 길이의 제곱에 비례하여 증가하므로 매우 긴 텍스트에서는 실용적 한계에 부딪힌다. 또한 AI는 확정적이고 일관된 해석을 선호하는 경향이 있다. 모호성이나 모순을 해결하려 하며, 가능한 한 논리적 일관성을 유지하려 한다. 이는 명확하고 안정적인 분석 결과를 제공한다는 장점이 있지만, 내러티브의 의도적 모호성이나 다의성을 평면화시킬 위험이 있다.

그러나 AI는 특정 영역에서 인간을 보완할 수 있는 능력을 보인다. 복잡한 구조적 관계나 반복되는 패턴을 체계적으로 추적할 수 있고, 다양한 문화적 배경의 대규모 텍스트 학습을 통해 교차 문화적 상징체계를 인식할 수 있다. 이는 글로벌화된 미디어 환경에서 다문화적 내러티브를 분석하는 데 유용할 수 있다.

인간과 AI의 내러티브 이해 방식 비교는 각각의 고유한 특성과 한계를 명확히 드러낸다. 인간의 이해는 체화된 경험, 감정적 공명, 창조적 해석에 기반하여 내러티브에 개인적이고 상황적인 의미를 부여한다. 이는 주관적이고 편향적일 수 있지만, 바로 그러한 개별성이 내러티브의 풍부한 의미 가능성을 열어놓는다. 인간의 이해는 본질적으로 열린 과정이며, 예상치 못한 통찰과 창조적 오독을 통해 새로운 의미를 창출한다. AI의 이해는 대규모 데이터에서 학습한 패턴에 기반하여 일관되고 체계적인 분석을 제공한다. 개인적 편향에서 상대적으로 자유로우며, 특정 유형의 구조적 관계나 언어적 패턴을 정확히 포착할 수 있다. 그러나 체험적 깊이와 창조적 해석 능력에서는 한계를 보이며, 내러티브의 모호성과 다의성을 충분히 활용하지 못한다. 특히 긴 시퀀스에서의 맥락 유지와 층위 간 복합적 관계 인식에서 근본적 한계를 드러낸다.

이러한 차이는 인간과 AI가 내러티브 이해에서 상호보완적 역할을 할 수 있음을 시사한다. 인간의 직관적 통찰과 창조적 해석은 AI의 체계적 분석과 패턴 인식으로 보강될 수 있고, AI의 객관적 분석은 인간의 주관적 해석에 새로운 관점을 제공할 수 있다. 그러나 이러한 협력 가능성을 실현하기 위해서는 각각의 한계를 명확히 인식하고, 적절한 역할 분담과 상호작용 방식을 설계할 필요가 있다.

참고문헌

Baron-Cohen, S.(1995). *Mindblindness: An essay on autism and theory of mind.* MIT Press. 김혜리·이현진 옮김(2005). 《마음맹》. 시그마프레스.

Brewer, W. F. & Lichtenstein, E. H.(1982). Stories are to entertain: A structural-affect theory of stories. *Journal of Pragmatics, 6*(5-6), pp.473~486.

Clark, A.(2008). *Supersizing the mind: Embodiment, action, and cognitive extension.* Oxford University Press.

Gadamer, H. G.(1975). *Truth and method.* In Barden, G. & Cumming, J.(trans.). Seaburry Press. 이길우 외 옮김(2012). 《진리와 방법 1》. 임홍배 옮김(2012). 《진리와 방법 2》. 문학동네.

Grice, H. P.(1975). Logic and conversation. In Cole, P. & Morgan, J. L.(eds.). *Syntax and semantics 3: Speech acts,* pp.41～58. Academic Press.

Iser, W.(1978). *The act of reading: A theory of aesthetic response.* Johns Hopkins University Press. 이유선 옮김(1993). 《독서행위》. 신원문화사.

Jameson, F.(1981). *The political unconscious: Narrative as a socially symbolic act.* Cornell University Press. 이경덕·서강목 옮김(2015). 《정치적 무의식》. 민음사.

Jurafsky, D. & Martin, J. H.(2023). *Speech and language processing (3rd ed.).* Pearson.

Kosinski, M.(2023). Theory of mind may have spontaneously emerged in large language models. arXiv:2302.02083.

Liu, N. F. et al.(2023). Lost in the middle: How language models use long contexts. arXiv:2307.03172.

Marcus, G.(2018). Deep learning: A critical appraisal. arXiv:1801.00631.

Merleau-Ponty, M.(1945). *Phenomenology of perception.* In Smith, C.(trans.). Routledge. 류의근 옮김(2002). 《지각의 현상학》. 문학과지성사.

Palmer, A.(2004). *Fictional minds.* University of Nebraska Press.

Rizzolatti, G. & Craighero, L.(2004). The mirror-neuron system. *Annual Review of Neuroscience, 27,* pp.169～192.

Vaswani, A. et al.(2017). Attention is all you need. *Advances in Neural Information Processing Systems, 30.*

04
AI 내러티브 이해의 기술적 메커니즘

인간의 내러티브 이해는 체화된 경험에 기반한 해석학적 과정인 반면, AI의 이해는 통계적 패턴 인식에 의존한다. 인간은 선이해와 메타인지적 능력을 통해 층위 간 상호작용을 직관적으로 파악하지만, AI는 각 층위를 순차적으로 처리한다. 공감과 마음 이론에서 인간은 체험적 공명을, AI는 언어적 모델링을 보인다. 이러한 근본적 차이는 각각의 고유한 강점과 한계를 만들어 내며, 상호 보완적 관계의 가능성을 시사한다.

청각장애인과 AI?

신경망 아키텍처와 언어 표현 학습

현대 AI의 내러티브 이해는 주로 트랜스포머(transformer) 기반의 대규모 언어 모델에 의존한다. 이러한 모델들은 어텐션(attention) 메커니즘을 통해 텍스트의 장거리 의존성을 포착하고, 다층 구조를 통해 언어의 계층적 표현을 학습한다.

트랜스포머 아키텍처의 핵심은 self-attention 메커니즘이다(Vaswani et al., 2017). 이는 입력 시퀀스의 각 요소가 다른 모든 요소와의 관계를 동시에 고려할 수 있게 한다. 내러티브 맥락에서 이는 문장 내 단어 간의 의미적 관계뿐만 아니라 단락 간, 장면 간의 복잡한 연관성을 포착하는 데 중요한 역할을 한다. 예를 들어, 소설의 초반부에 제시된 복선이 후반부에서 어떻게 실현되는지, 등장인물의 과거 경험이 현재 행동에 어떤 영향을 미치는지 등을 파악할 수 있다.

BERT(Bidirectional Encoder Representations from Transformers)는 양방향 맥락 인코딩을 통해 단어의 의미를 더 정확히 파악할 수 있는 모델이다(Devlin et al., 2018). 기존의 순차적 언어 모델과 달리, BERT는 앞뒤 맥락을 모두 고려하여 단어의 의미를 결정한다. 이는 내러티브에서 중요한 다의적 표현의 해소나 문맥 의존적 의미 파악에 특히 유용하다. 예를 들어 “그의 마음이 무겁다”에서 ‘무겁다’는 물리적 무게가 아닌 심리적 부담을 의미하며, “어둠이 내려앉았다”에서 ‘어둠’은 단순한 빛의 부재가 아닌 절망이나 위기 상황을 나타낼 수 있다. BERT는 이러한 은유적 표현들을 주변 맥락을 통해 적절히 해석하여, 내러티브의 감정적 톤과 상징적 의미를 파악하는 데 활용된다.

GPT(Generative Pre-trained Transformer) 계열 모델들은 자기 회귀적(autoregressive) 생성 방식을 통해 내러티브의 순차적 전개를 모델링한다(Radford et al., 2019). 이들은 이전 토큰들을 바탕으로 다음 토큰을 예측하는 과정을 반복하며, 이를 통해 내러티브의 시간적 흐름과 인과 관계를 학습한다. 특히 GPT-3와 그 후속 모델들은 수천억 개의 매개 변수를 통해 복잡한 내러티브 패턴을 포착할 수 있다.

이러한 모델들의 ‘이해’는 본질적으로 분산 표현(distributed representation)에 기반한다. 단어나 문장의 의미는 고차원 벡터 공간에서의 위치로 표현되며, 이 벡터들 간의 수학적 관계를 통해 의미적 유사성이나 논리적 연관성이 포착된다. 이는 의미를 계산적으로 파악할 수 있는 효과적인 방법이지만, 인간의 개념적 이해와는 근본적으로 다른 방식이다. AI는 '사랑'의 개념을 수천 차원의 벡터로 표현할 수 있지만, 이것이 인간이 경험하는 사랑의 감정과 어떤 관계가 있는지는 불분명하다.

의미 표상과 추론 메커니즘

AI의 내러티브 이해에서 의미 표상(semantic representation)은 핵심적 역할을 한다. 현대 모델들은 단순한 단어 수준을 넘어서 문장, 단락, 전체 문서 수준의 의미를 표상하려 시도한다.

문장 수준에서는 Sentence-BERT나 Universal Sentence Encoder 같은 모델들이 전체 문장의 의미를 단일 벡터로 인코딩한다(Reimers & Gurevych, 2019). 이를 통해 문장 간의 의미적 유사성을 계산하고, 텍스트 내에서 의미적으로 관련된 부분들을 식별할 수 있다. 내러티브에서 이는 주제의 연속성을 추적하거나, 등장인물의 일관된 성격 묘사를 파악하는 데 활용된다. 더 높은 수준에서는 그래프 신경망(Graph Neural Networks)을 활용하여 등장인물 간의 관계나 사건들 간의 인과 관계를 명시적으로 모델링하는 접근법들이 시도되고 있다(Zečević et al., 2021). 이러한 모델들은 내러티브를 노드(등장인물, 사건, 개념)와 엣지(관계, 인과성)로 구성된 지식 그래프로 표현하고, 그래프 구조를 통해 복잡한 관계를 추론한다.

추론 메커니즘 측면에서 AI는 주로 패턴 매칭과 확률적 추론에 의존한다. 대규모 언어 모델들은 학습 데이터에서 보았던 유사한 패턴을 바탕으로 빈 공간을 채우거나 다음에 일어날 사건을 예측한다. 예를 들어, "그녀는 눈물을 흘리며"라는 문장 다음에는 슬픔과 관련된 표현이 나올 확률이 높다는 것을 학습을 통해 알고 있다. 하지만 이러한 추론은 통계적 연관성에 기반한 것이지, 진정한 인과적 이해나 논리적 추론과는 다르다. AI는 'A 때문에 B가 일어났다'는 패턴을 인식할 수 있지만, 실제 인과 관계의 메커니즘을 이해하지는 못한다. 이는 특히 반상식적이거나 창의적인 내러티브 상황에서 AI의 한계로 드러난다.

최근에는 사고 연쇄(Chain-of-Thought)나 사고 나무(Tree of Thoughts) 같은 기법들을 통해 AI의 추론 과정을 더욱 명시적이고 체계적으로 만들려는 시도들이 있다(Wei et al., 2022). 이러한 접근법들은 AI가 단계별로 추론 과정을 설명하도록 하여, 더 복잡하고 논리적인 내러티브 이해를 가능하게 한다. 그러나 이러한 기법들도 근본적으로는 텍스트 패턴에 기반한 단계별 언어 생성에 의존한다. AI가 '왜냐하면', '따라서', '결론적으로' 같은 논리적 연결어를 사용하여 추론 과정을 설명할 수 있지만, 이는 학습 데이터에서 관찰된 논증 구조의 모방이지 실제 논리적 사고의 결과는 아니다. 따라서 겉보기에는 논리적이고 설득력 있는 추론을 제시하더라도, 그 과정에서 사실적 오류나 논리적 비약이 발생할 수 있으며, 맥락이 바뀌면 일관성을 잃는 경우가 많다.

다층위적 구조 처리와 담화 분석

내러티브 커뮤니케이션의 4층위를 AI가 어떻게 처리하는지는 현재 기술 수준을 가늠하는 중요한 지표다. 각 층위별로 AI의 처리 능력과 한계를 살펴보면 현재 기술의 특성을 명확히 파악할 수 있다.

행동 층위에서 AI는 대화 분석과 감정 인식에 상당한 성과를 보인다. Named Entity Recognition(NER)을 통해 등장인물을 식별하고, 감정 분석(sentiment analysis)을 통해 발화의 감정적 색조를 파악한다. 의존 구문 분석(dependency parsing)을 통해 문장의 구조적 관계를 파악하고, 이를 바탕으로 주어-동사-목적어 관계나 수식 관계를 이해한다. 하지만 화용론적 함의나 간접 화행, 아이러니 같은 미묘한 의사소통 현상을 파악하는 것은 여전히 어렵다.

서술 층위에서는 서사학적 개념들을 자동으로 인식하는 연구들이 진행되고 있다. 서술 시점(narrative perspective) 분류, 시간 구조 분석, 초점화(focalization) 파악 등이 그 예다(Bamman et al., 2014). 일부 모델들은 신뢰할 수 없는 서술자를 탐지하거나, 서술자의 편향을 식별하는 능력을 보이기도 한다. 그러나 이러한 분석은 주로 표면적 언어 단서에 의존하며, 서술 전략의 미묘한 효과나 의도를 깊이 있게 파악하지는 못한다.

허구적 층위에서 AI는 장르 분류에서 높은 정확도를 보인다. 스타일 분석을 통해 작가의 문체적 특징을 파악하고, 주제 모델링(topic modeling)을 통해 작품의 주요 테마를 추출할 수 있다. 상호텍스트성 분석에서도 일정한 성과를 보이는데, 인용이나 패러디, 오마주 등을 식별하는 기법들이 개발되고 있다. 하지만 이러한 분석은 주로 표면적 유사성에 기반하며, 깊은 문학적 전통이나 미학적 대화의 맥락을 이해하지는 못한다.

현실적 층위는 AI가 처리하기 어려운 영역이다. 사회역사적 맥락이나 이데올로기적 함의를 파악하려면 광범위한 배경 지식과 비판적 사고가 필요하기 때문이다. 일부 모델들은 시대적 배경 정보를 제공하거나 사회적 이슈를 식별할 수 있지만, 그러한 맥락이 작품에 미치는 복합적 영향을 분석하기는 어렵다. 특히 권력 관계나 이데올로기적 갈등 같은 정치적 차원은 AI가 중립성을 유지하려는 경향 때문에 더욱 다루기 어렵다.

층위 간 상호작용과 경계 넘나들기는 AI에게 특히 도전적인 과제다. 메타 픽션적 요소나 자기 반영적 구조를 인식하려면 텍스트의 여러 층위를 동시에 고려하고 그들 간의 복잡한 관계를 파악해야 하는데, 현재 기술 수준에서는 이러한 고차원적 메타인지 처리가 쉽지 않다.

평가 방법론과 측정의 한계

AI의 내러티브 이해 능력을 평가하는 것은 복잡하고 논란이 많은 문제다. 현재 사용되는 평가 방법들은 각각 고유한 강점과 한계를 가지고 있으며, '진정한 이해'를 측정한다고 보기는 어렵다.

질의응답(Question Answering) 평가는 가장 널리 사용되는 방법 중 하나다. SQuAD, MS MARCO, Narrative QA 같은 데이터 세트들은 텍스트를 읽고 관련 질문에 답하는 능력을 측정한다(Kočiský et al., 2018). 이는 직관적이고 객관적인 평가 방법이지만, 주로 표면적 정보 추출이나 단순한 추론에 초점을 맞춘다. 깊은 해석이나 창의적 이해를 측정하기는 어렵다. 텍스트 요약(Text Summarization) 평가는 AI가 내러티브의 핵심 내용을 파악하고 압축할 수 있는지를 본다. ROUGE, BLEU 같은 자동 평가 지표들이 사용되지만, 이들은 주로 어휘적 중복에 기반하며 의미적 품질을 완전히 포착하지 못한다 (Lin, 2004). 인간 평가자에 의한 품질 평가가 더 신뢰할 만하지만, 주관성과 일관성 문제가 있다. 감정 분석과 등장인물 분석 평가는 AI가 내러티브의 심리적 차원을 이해하는 능력을 측정하며, 등장인물의 감정 상태 추적, 성격 특성 파악, 관계 변화 분석 등을 포함한다. 하지만 이러한 평가들은 대부분 사전 정의된 카테고리에 기반하며, 복잡하고 모순적인 인간 심리의 미묘함을 충분히 다루지 못한다.

창의성과 해석의 다양성을 평가하는 것은 더욱 어려운 과제다. 인간의 내러티브 이해는 개인적이고 맥락적이며, 때로는 예상치 못한 통찰을 제공한다. AI의 해석이 '옳은' 것인지 판단하는 절대적 기준은 없으며, 다양한 해석 가능성을 허용하는 평가 프레임워크가 필요하다. 최근에는 적대적 평가(adversarial evaluation)나 out-of-distribution 테스트를 통해 AI의 강건성(robustness)을 측정하려는 시도들이 있다. 이는 AI가

훈련 데이터와 다른 패턴이나 예상치 못한 상황에서도 일관된 이해 능력을 보이는지를 평가한다. 이러한 평가들은 AI 시스템의 실제 이해 깊이를 더 정확히 파악하는 데 도움이 된다.

튜링 테스트나 중국어 방 논증에서 제기된 근본적 문제들은 내러티브 이해 평가에서도 여전히 유효하다. AI가 인간과 구별되지 않는 응답을 생성한다고 해서 실제로 내러티브를 '이해'한다고 말할 수 있을까? 이는 의식, 경험, 이해의 본질에 관한 철학적 문제와 직결된다.

현재 AI의 내러티브 이해 기술은 놀라운 발전을 보여주고 있다. 대규모 언어 모델들은 복잡한 텍스트를 처리하고, 의미적 관계를 파악하며, 일관된 응답을 생성할 수 있다. 특히 패턴 인식, 정보 추출, 구조적 분석에서는 인간을 뛰어넘는 성능을 보이기도 한다. 그러나 이러한 기술적 성취에도 불구하고 근본적 한계들이 존재한다. AI의 '이해'는 통계적 패턴 매칭에 기반하며, 인간의 체험적, 감정적, 직관적 이해와는 본질적으로 다르다. 특히 창의적 해석, 문화적 맥락의 깊은 이해, 이데올로기적 비판, 메타인지적 성찰 등에서 한계를 보인다. 또한 현재의 평가 방법론들은 정답이 있는 과제나 표면적 분석에 초점을 맞추고 있어, 내러티브 이해의 깊이와 창의성을 제대로 포착하지 못한다.

이러한 분석은 다음 장에서 탐구할 내러티브 창작 영역으로 자연스럽게 연결된다. AI가 내러티브를 이해하는 방식의 특성과 한계는 창작에도 직접적인 영향을 미치기 때문이다. 패턴 기반의 이해가 어떻게 패턴 기반의 생성으로 이어지는지, 그리고 이것이 '진정한 창작'과 어떻게 구별되는지를 탐구해야 할 것이다.

참고문헌

Bamman, D. et al.(2014). A Bayesian mixed effects model of literary character. *Proceedings of the 52nd Annual Meeting of the Association for Computational Linguistics, 1*, pp.370~379.

Devlin, J. et al.(2018). BERT: Pre-training of deep bidirectional transformers for language understanding. arXiv:1810.04805.

Kočiský, T. et al.(2018). The NarrativeQA reading comprehension challenge. *Transactions of the Association for Computational Linguistics, 6*, pp.317~328.

Lin, C. Y.(2004). Rouge: A package for automatic evaluation of summaries. *Text Summarization Branches Out*, pp.74~81.

Radford, A. et al.(2019). Radford, A. et al.(2019). Language models are unsupervised multitask learners. https://cdn.openai.com/better-language-models/language_models_are_unsupervised_multitask_learners.pdf

Reimers, N. & Gurevych, I.(2019). Sentence-BERT: Sentence

embeddings using Siamese BERT–networks. *Proceedings of the 2019 Conference on Empirical Methods in Natural Language Processing*, pp.3982～3992.

Vaswani, A. et al.(2017). Attention is all you need. *Advances in Neural Information Processing Systems, 30.*

Wei, J. et al.(2022). Chain of thought prompting elicits reasoning in large language models. arXiv:2201.11903.

Zečević, M. et al.(2021). Relating graph neural networks to structural causal models. arXiv preprint arXiv:2109.04173.

05
내러티브 창작의 의미

내러티브 창작은 단순한 정보 조합을 넘어선 존재론적 행위다. 창작자는 체화된 경험과 실존적 의도성에서 출발하여, 전통과의 창조적 대화를 통한 독창적 변형을 거쳐, 시간성과 세계 구축을 통해 새로운 존재론적 구조를 창조한다. 창작은 다층위적 의미 전달을 통해 창작자와 수용자 간의 소통을 실현하는 과정이다. 이러한 창작의 본질적 특성은 진정한 창작과 단순한 생성을 구별하는 중요한 기준을 제시한다.

AI 콘텐츠 크리에이터?

창작의 철학적 기초: 존재론적 차원과 의도성

내러티브 창작은 무엇보다 존재론적 행위다. 하이데거(Martin Heidegger)에 따르면 예술은 모방이나 표현, 제작이 아닌 진리의 개시(aletheia) 과정이다. 창작자는 기존에 없던 것을 만들어 내는 것이 아니라, 이미 존재하지만 은폐되어 있었던 인간 경험의 본질적 구조를 드러낸다(Heidegger, 1971). 이는 내러티브 창작이 갖는 존재론적 차원의 핵심이다. 이러한 존재론적 차원에서 창작의 토대가 되는 것은 창작자의 체화된 경험이다. 메를로-퐁티(Merleau-Ponty, 1945)는 모든 지각과 인식이 신체적 경험에 뿌리를 둔다고 보았다. 창작자는 자신의 신체적, 감각적 경험을 바탕으로 세계를 지각하고, 이러한 지각을 언어적 표현으로 변환시킨다. 작가의 생생한 경험이 등장인물의 행동, 배경의 묘사, 사건의 전개로 구현되는 과정에서 중요한 것은 이러한 변환이 자동적이거나 기계적이지 않다는 점이다. 창작자는 자신의 경험을 의식적으로 성찰하고 변형시켜 새로운 서사적 가능성을 탐구한다.

의도성은 창작의 핵심적 특징이다. 현상학적 의미에서 창작은 '무엇인가를 향한' 지향적 행위다(Husserl, 1913). 창작자는 특정한 의미나 경험을 전달하려는 명확한 의도를 가지고 서사를 구성하고 이러한 의도성은 텍스트의 모든 층위에 스며들어 전체적 통일성을 만들어낸다. 그러나 창작의 의도성은 결코 단순하거나 일방향적이지 않다. 창작 과정에서 작가의 의도는 텍스트와의 대화를 통해 변화하고 발전한다(Ricoeur, 1984). 작가는 글을 쓰는 과정에서 예상치 못한 의미나 가능성을 발견하고, 이에 따라 원래의 계획을 수정하거나 새로운 방향을 모색한다. 이러한 역동성은 AI의 생성 과정과 구별되는 중요한 특징이다. 인간 창작자는 작품을 통해 무엇을 말하고자 하는지에 대한 근본적 동기와 목적을 갖는다. 반면 AI는 주어진 프롬프트에 대한 응답을 생성하지만, 의도나 목적의식이 개입하지는 않는다.

독창성과 변형

내러티브 창작에서 독창성 문제는 복합적이고 미묘한 영역이다. 현대의 상호텍스트성 이론은 모든 텍스트가 다른 텍스트들과의 관계 속에서만 의미를 갖는다고 보지만, 이것이 독창성을 무화시키는 것은 아니다. 오히려 창작의 독창성은 기존 요소들을 새로운 방식으로 조직하고 변형시키는 능력에서 발견된다.

이러한 변형 과정의 본질을 이해하기 위해 베냐민의

「이야기꾼」 논문에서의 통찰을 살펴볼 필요가 있다(Benjamin, 1936). 베냐민은 전통적 이야기꾼이 사라져 가는 현상을 통해 진정한 서사의 특성을 규명했다. 그에 따르면, 진정한 이야기꾼은 단순히 정보를 전달하는 것이 아니라 자신의 삶의 경험을 이야기에 스며들게 한다. 이야기꾼의 삶과 경험이 이야기의 재료가 되고, 이를 통해 듣는 이의 삶에도 영향을 미치는 것이다. 이러한 과정에서 이야기는 단순한 복제나 전달이 아닌 창조적 변형을 거친다. 각각의 이야기꾼은 동일한 소재라도 자신의 경험과 맥락을 통해 새롭게 재구성하며, 이 과정에서 이야기는 생명력을 얻는다. 현대의 내러티브 창작도 이와 유사한 변형 과정을 거친다. 창작자는 기존의 문학적, 문화적 전통을 학습하고 내재화한 후, 이를 자신의 개인적 경험과 시대적 감수성으로 변형시킨다. 이러한 변형은 단순한 모방이나 기계적 결합이 아니라, 전통의 본질적 가치를 현재적 맥락에서 재해석하는 창조적 행위다. 베냐민의 '아우라(aura)' 개념을 빌려 말하면, 진정한 창작은 특정한 시공간적 맥락에서 창작자의 구체적 경험과 만나면서 형성되는 고유한 존재감을 갖는다.

로만 야콥슨의 환유와 은유 개념을 내러티브 창작의 변형 과정에 적용하면 더욱 명확해진다(Jakobson,

1971). 환유적 치환은 인접성 원리에 따라 현실의 요소들을 서사적 요소로 대체하는 과정이고, 은유적 결합은 유사성 원리에 따라 서로 다른 영역의 경험들을 새로운 의미 관계로 연결하는 과정이다. 이러한 이중적 변형을 통해 구체적 현실이 보편적 의미를 획득한다. 바흐친의 대화주의(dialogism) 개념은 이러한 변형 과정의 또 다른 차원을 보여준다. 바흐친에 따르면, 언어는 본질적으로 대화적이며, 모든 발화는 이전의 발화들과 관계를 맺으며 동시에 미래의 응답을 예상한다(Bakhtin, 1981). 내러티브 창작에서 창작자는 다양한 목소리와 담론들을 자신의 작품 안에서 대화하게 만들며, 이 과정에서 새로운 의미가 창발한다. 이는 단순한 의견의 나열이 아니라, 서로 다른 관점들이 충돌하고 상호작용하면서 더 복합적이고 풍부한 의미를 생성하는 변형 과정이다. 창작자는 이러한 대화적 변형을 통해 기존의 담론들을 새로운 맥락에서 재조명하고, 예상치 못한 의미 연관을 만들어 낸다.

시간성과 세계 구축

내러티브 창작에서 시간성과 세계 구축은 창작의 본질적 요소다. 이 둘은 독립적인 기법이 아니라 내러티브가 의미를 구성하는 존재론적 구조의 핵심을 이룬다.

시간성은 내러티브의 기본 조건이다. 폴 리쾨르는 서사가 시간을 조직하는 것이 아니라, 오히려 시간이 서사적 구조를 통해서만 이해될 수 있다고 생각했다(Ricoeur, 1984). 인간의 시간 경험은 본질적으로 서사적이며, 우리는 과거를 기억하고 미래를 기대하면서 현재를 이해한다. 이러한 시간성은 내러티브 창작에서 단순한 연대기적 순서를 넘어선 복합적 구조를 만들어 낸다. 창작자는 시간을 압축하거나 확장하고, 과거와 현재와 미래를 교차시키며, 인과 관계를 재배열함으로써 의미를 구성한다. 내러티브에서 시간은 객관적 흐름이 아니라 의미 구성의 도구다. 창작자는 시간의 순서를 바꾸거나, 특정 순간을 확장하거나, 시간의 흐름을 중단시킴으로써 내러티브의 의미를 조절한다. 리쾨르가 제시한 서사적 정체성(narrative identity) 개념은 시간성과 창작의 관계를 더욱 명확히 한다. 인간은 자신의 경험을 서사의 형태로 조직함으로써 정체성을 구성한다. 이는 고정된 본질이 아니라 지속적인 재구성 과정을 통해 만들어지는 역동적 정체성이다. 창작자는 이러한 개인적 서사 구성 능력을 예술적 차원으로 확장시켜 보편적 공감을 불러일으킬 수 있는 서사를 창조한다. 이 과정에서 시간은 단순한 배경이 아니라 의미 생성의 핵심 메커니즘이 된다.

세계 구축(world-building) 역시 내러티브 창작의 본질적 요소다. 모든 내러티브는 현실 세계와 구별되는 허구적 세계를 구성한다(Ryan, 1991). 이 허구적 세계는 나름의 존재론적 규칙, 물리적 법칙, 사회적 규범을 갖는 일관된 체계다. 세계 구축은 환상 장르에만 국한되지 않는다. 사실주의적 내러티브도 나름의 허구적 세계를 구성한다. 예를 들어, 영화 〈조커〉는 현실의 뉴욕을 모델로 한 고담시를 배경으로 하지만, 이는 실제 도시가 아닌 사회적 불평등과 정신적 소외를 극대화한 허구적 공간이다. 세계 구축에서 중요한 것은 개연성(plausibility)과 핍진성(verisimilitude)이다. 개연성은 허구적 세계가 현실 세계의 일반적 법칙과 얼마나 일치하는가의 문제라면, 핍진성은 허구적 세계 내에서의 내적 일관성을 의미한다. 라이언의 최소 이탈 원칙(Principle of Minimal Departure)에 따르면, 독자는 텍스트에서 명시적으로 다르다고 언급되지 않는 한 허구적 세계가 현실 세계와 동일한 규칙을 따른다고 가정한다. 성공적인 세계 구축은 독자의 상상력과 협력하면서도 일정한 제약과 규칙을 제시하는 균형 잡힌 행위다.

시간성과 세계 구축은 상호 의존적이다. 내러티브의 세계는 시간의 흐름 속에서 구성되고 변화하며, 시간은 특정한 세계의 규칙과 조건 안에서 의미를 갖는다. 창작자는 이 두 요소를 통합적으로 다루어 내러티브의 존재론적 구조를 만들어 낸다.

다층위적 의미 전달과 창작적 구성

내러티브 창작은 궁극적으로 의미를 전달하고 독자와 소통하는 행위다. 내러티브 커뮤니케이션의 4층위는 창작 과정에서 복합적으로 구현되며, 창작자는 이 구조를 활용하여 다층적 의미를 전달한다.

행동 층위에서 창작자는 등장인물들의 대화와 행동을 통해 직접적인 의미를 전달한다. 이는 가장 표면적이지만 동시에 가장 직접적인 소통 방식이다. 대화의 내용, 어조, 화법은 등장인물의 성격과 관계를 드러내는 동시에 작품의 주제 의식을 전달한다. 그러나 탁월한 창작자는 단순히 메시지를 직설적으로 전달하지 않는다. 대신 등장인물들의 말과 행동 사이의 불일치, 의도와 결과의 역설, 명시적 발언과 암묵적 의미의 대조 등을 통해 더 복합적인 의미를 창출한다.

서술 층위에서 창작자는 서술자의 목소리와 관점을

통해 의미를 조직한다. 서술자의 선택은 작품의 전체적 톤과 해석 방향을 결정하는 중요한 요소다. 1인칭 서술은 주관적 경험의 생생함을 제공하지만 시야의 제약이 있고, 3인칭 전지적 서술은 포괄적 조망을 가능하게 하지만 거리감을 만들 수 있다. 현대 창작에서는 다양한 서술 기법들을 창조적으로 결합하거나 변형하여 독특한 효과를 만들어 낸다.

허구적 층위에서 창작자는 내포 작가로서 작품의 전체적 세계관과 미학적 비전을 구현한다. 이는 개별 장면이나 대화를 넘어선 작품의 전체적 의미 구조에 관련된다. 장르적 관습의 활용과 변형, 상호텍스트적 참조, 상징과 은유의 체계적 활용 등이 이 층위에서 작동한다. 움베르토 에코가 제시한 모델 독자(model reader) 개념에 따르면, 내포 작가는 독자가 작품을 어떻게 읽기를 원하는지에 대한 일종의 '독서 지침'을 텍스트에 내장한다 (Eco, 1979).

현실적 층위에서 창작자는 실제 작가로서 자신이 속한 사회 역사적 맥락과 대화한다. 작품은 창작 당시의 사회적 이슈, 문화적 갈등, 이데올로기적 논쟁과 관련을 맺으며, 이를 통해 동시대적 의미를 획득한다. 그러나 위대한 작품들은 동시대적 관련성을 넘어서 보편적 의미를 갖는다. 셰익스피어의 작품들이 400년이 지난 후에도 여전히 의미 있게 읽히는 것은 특정 시대의 문제를 인간 조건의 보편적 차원에서 다루었기 때문이다.

층위 간의 상호작용은 내러티브의 풍부함과 깊이를 만들어 낸다. 뛰어난 창작자는 이 모든 층위를 동시에 고려하면서 작품을 구성하며, 독자 역시 이 모든 층위에서 의미를 수용하고 해석한다. 메타픽션적 요소들은 이러한 층위 간 경계를 의도적으로 해체하거나 노출시켜 독자의 능동적 참여를 유도하고 텍스트의 의미 생성 과정을 가시화한다. 이러한 다층위적 소통이야말로 내러티브 예술의 독특한 힘이라고 할 수 있다.

내러티브 창작의 본질은 단순한 정보 처리나 패턴 조합을 넘어선 존재론적 행위다. 창작은 체화된 경험에 기반한 의도적 행위이자, 전통과의 창조적 대화를 통한 독창적 변형이고, 시간성과 세계 구축을 통한 존재론적 구조 창조이며, 다층위적 의미 전달을 통한 미학적 형상화다.

이러한 분석은 다음 장에서 인간과 AI의 내러티브 창작 방식을 비교할 때 핵심적인 준거점들을 제공한다. 첫째, 체화된 경험과 실존적 의도성이 AI의 계산적 처리와 어떻게 다른지, 둘째, 전통과의 창조적 대화가 AI의 패턴 학습 및 조합과 어떻게 구별되는지, 셋째, 시간성과 세계 구축에서 인간의 존재론적 이해와 AI의 구조적 처리가 보이는 차이는 무엇인지, 넷째, 다층위적 의미 전달에서 인간의 문화적 소양과 AI의 언어적 처리가 만들어 내는 결과의 질적 차이는 무엇인지를 체계적으로 탐구해야 할 것이다.

무엇보다 창작의 열린 성격과 해석적 다원성이 AI의 확정적 생성 방식과 어떤 긴장을 만들어 내는지가 중요한 쟁점이 될 것이다. 인간의 창작이 끊임없는 의미 협상과 재해석의 과정이라면, AI의 생성은 어떤 특성을 갖는지, 그리고 이 둘 사이의 차이가 내러티브의 질과 문화적 가치에 어떤 영향을 미치는지를 면밀히 분석해야 할 것이다.

참고문헌

Bakhtin, M. M.(1981). *The dialogic imagination: Four essays.* In Emerson, C. & Holquist, M.(trans.). University of Texas Press. 김욱동 옮김(1988). 《대화적 상상력》. 문학과지성사.

Benjamin, W.(1968). The storyteller: Reflections on the works of Nikolai Leskov. In Zohn, H.(trans.). *Illuminations*, pp.83~109. Schocken Books. (Original work published 1936). 최성만 옮김(2012). "이야기꾼". 《서사 기억 비평의 자리》. 길출판사.

Eco, U.(1979). *The role of the reader: Explorations in the semiotics of texts*. Indiana University Press.

Heidegger, M.(1971). *Poetry, language, thought*. In Hofstadter, A.(trans.). Harper & Row.

Husserl, E.(1931). *Ideas: General introduction to pure phenomenology*. In Gibson, W. R. B.(trans.). Macmillan.

Jakobson, R.(1971). Two aspects of language and two types of aphasic disturbances. *Fundamentals of language*, pp.67~96. Mouton.

Merleau-Ponty, M.(1945). *Phenomenology of perception*. In Smith, C.(trans.). Routledge. 류의근 옮김(2002). 《지각의 현상학》. 문학과지성사.

Ricoeur, P.(1984). *Time and narrative: Volume 1*. In McLaughlin, K. & Pellauer, D.(trans.). University of Chicago Press. 김한식 옮김(2000). 《시간과 이야기 1》. 문학과지성사.

Ryan, M. L.(1991). *Possible worlds, artificial intelligence, and narrative theory*. Indiana University Press.

06
인간과 AI의 내러티브 창작 비교 분석

인간의 창작은 실존적 동기와 체화된 경험에 기반한 의도적 행위인 반면, AI의 생성은 확률적 계산과 패턴 조합에 의존한다. 인간은 시스템적 창의성을 통해 독창적 변형을 추구하지만, AI는 조합적 생성에 머무른다. 각 커뮤니케이션 층위에서 인간은 통합적 구성을, AI는 개별적 처리를 보인다. 이러한 차이는 '창작'과 '생성' 사이의 존재론적 간극을 드러내며, 각각의 고유한 가치와 한계를 명확히 한다.

AI와 민주주의?

창작 동기와 의도성: 실존적 욕구와 함수적 최적화

인간과 AI의 내러티브 창작에서 가장 근본적인 차이는 창작 동기의 성격에 있다. 인간의 창작 동기는 실존적 차원에서 발생하는 표현 욕구, 소통 의지, 의미 탐구에서 비롯된다. 반면 AI의 '창작'은 주어진 프롬프트에 대한 최적화된 응답 생성이라는 함수적 목표에 의해 구동된다.

인간 창작자의 동기는 복합적이고 다층적이다. 진정한 창작은 존재의 진리를 드러내려는 근본적 욕구에서 시작된다(Heidegger, 1971). 작가 한강이 『소년이 온다』를 쓴 것은 국가 폭력 앞에서 드러나는 인간 존재의 취약성과 기억과 연대를 통한 저항 가능성을 탐구하려는 실존적 동기에서였다. 이러한 동기는 작가의 개인적 경험, 사회적 관찰, 철학적 성찰이 복합적으로 작용한 결과다. 창작 과정에서 이 동기는 지속적으로 진화하고 심화된다. 작가는 글을 쓰면서 자신이 무엇을 말하고자 하는지를 더 명확히 발견하고, 때로는 예상치 못한 통찰에 도달한다. 인간의 창작 의도성은 현상학적 의미에서 '무엇인가를 향한' 지향성을 갖는다(Husserl, 1913). 이는 단순한 목표 설정이 아니라 창작자의 존재 전체가 특정한 의미나 가치를 향해 열려있는 상태를 의미한다.

AI의 생성 과정은 이와 근본적으로 다르다. GPT 계열 모델들은 주어진 텍스트에 이어질 가장 그럴듯한 토큰을 예측하는 과정을 반복한다(Brown et al., 2020). 이는 매우 정교한 확률적 계산이지만, 인간적 의미에서의 '의도'나 '목적'과는 거리가 있다. AI는 "로맨틱 코미디를 써 달라"는 요청을 받으면 해당 장르의 패턴을 학습 데이터에서 추출하여 재조합하지만, 왜 로맨틱 코미디를 써야 하는지, 이를 통해 무엇을 말하고 싶은지에 대한 실질적 동기는 갖지 않는다. 그러나 AI의 함수적 최적화 과정에서도 흥미로운 창발적 특성들이 나타난다. 대규모 언어 모델들은 학습 과정에서 명시적으로 프로그래밍되지 않은 능력들을 보이기도 한다. 예를 들어, GPT-3는 학습 데이터에 명시적인 논리 규칙이 없었음에도 어느 정도의 논리적 추론 능력을 보인다(Wei et al., 2022). 이러한 창발적 특성은 AI의 생성 과정이 단순한 패턴 복사를 넘어선 어떤 형태의 '지능적' 처리를 포함할 가능성을 시사한다. 하지만 이것이 인간적 의미의 창의성과 같은 것인지는 여전히 논란의 여지가 있다.

중요한 것은 창작 동기의 지속성과 일관성이다. 인간 창작자는 장기간에 걸쳐 일관된 주제 의식과 미학적 비전을 발전시킨다. 미야자키 하야오의 작품들에는 40년

이상의 창작 활동을 관통하는 일관된 자연 철학과 인간관이 스며있다. 이러한 장기적 일관성은 개별 작품을 넘어선 작가의 정체성과 세계관에 기반한다. 반면 AI는 각각의 생성 과정이 독립적이며, 세션 간의 연속성이나 장기적 발전 양상을 보이지 않는다. 물론 최근의 연구들은 AI 시스템에 메모리나 학습 능력을 부여하려는 시도들을 하고 있지만, 아직은 인간의 장기적 창작 동기와는 질적으로 다른 수준에 머물러 있다.

경험의 원천과 변형: 체화된 삶과 데이터 패턴

인간과 AI의 내러티브 창작에서 두 번째 핵심적 차이는 창작 소재의 원천과 이를 변형하는 방식에 있다. 인간은 체화된 개인적 경험을 창작의 원천으로 활용하는 반면, AI는 학습 데이터에서 추출한 패턴을 재조합한다.

인간 창작자에게 개인적 경험은 단순한 소재가 아니라 창작의 존재론적 토대다. 현상학적 관점에서 보면, 인간의 모든 인식과 표현은 신체적 경험에 뿌리를 두고 있다(Merleau-Ponty, 1945). 체화된 경험의 문학적 변형 과정은 복합적이다. 우선 선택과 집중의 과정을 거친다. 작가는 무수한 개인적 경험 중에서 특정한 순간들을 선택하고, 이들을 서사적 논리에 따라 재배열한다. 이 과정에서 실제 경험은 허구적 변형을 거치게 된다. 개인적이고 특수한 경험이 타인도 공감할 수 있는 보편적 상황으로 변환되며, 시간적 압축과 인과 관계의 명확화를 통해 서사적 효과를 극대화한다. 은유와 상징을 통한 의미 확장도 중요한 변형 메커니즘이다. 개인적 경험은 상징적 차원으로 승화되어 더 큰 사회적, 철학적 의미를 획득하게 된다.

AI의 패턴 기반 생성은 이와 본질적으로 다른 방식으로 작동한다. AI는 학습 데이터에서 추출한 통계적 관계들을 바탕으로 새로운 텍스트를 생성한다. 예를 들어, '어머니의 죽음'이라는 주제로 이야기를 써 달라고 하면, AI는 학습 데이터에서 해당 주제와 관련된 표현 패턴들을 찾아 조합한다. 슬픔의 표현 방식, 상실의 수사법, 회상의 서술 기법 등을 통계적으로 분석하여 그럴듯한 서사를 구성한다. 이는 매우 정교하고 때로는 감동적인 결과를 만들어 낼 수 있지만, 실제 상실의 경험이나 애도의 과정에 대한 체험적 이해에 기반하지는 않는다.

AI의 패턴 조합 방식의 장점도 있다. AI는 인간 개인이 경험할 수 있는 범위를 넘어선 다양하고 광범위한 패턴들을 활용할 수 있다. 서로 다른 문화권의 서사 전통, 다양한 장르의 관습, 역사적으로 축적된 표현 기법들을 종합적으로 활용하여 개별 인간 창작자가 갖기 어려운 다원적 관점을 제시할 수 있다. 최근 AI가 생성한 일부 시나리오들이 예상치 못한 문화적 융합이나 장르적 실험을 보이는 것은 이러한 특성의 결과다. 그러나 패턴 기반 생성의 근본적 한계는 진정성(authenticity)에 있다. AI가 생성한 내러티브는 특정한 시공간적 맥락에서 창작자의 구체적 경험과 만나면서 형성되는 고유한 아우라를 갖지 못한다. 아무리 정교하고 감동적인 AI 생성 텍스트라도, 그것이 실제 삶의 무게와 경험의 밀도를 담고 있지 않다는 점에서 인간 창작물과 질적 차이를 보인다.

창의성과 독창성

창의성과 독창성의 문제는 인간과 AI의 내러티브 창작 비교에서 가장 복잡하고 논란이 많은 영역이다. 이를 체계적으로 분석하기 위해 칙센트미하이의 창의성 시스템 모델을 활용할 수 있다(Csikszentmihalyi, 1996).

칙센트미하이는 창의성을 개인(person), 주제 영역(domain), 분야(field)의 상호작용으로 설명한다. 개인은 창의적 아이디어를 생성하는 주체이고, 주제 영역은 상징적 규칙과 절차들로 구성된 문화적 지식 체계이며, 분야는 그 영역의 지킴이 역할을 하는 사회적 조직이다.

진정한 창의성은 이 세 요소가 복합적으로 상호작용할 때 발생한다. 인간 창작자의 창의성은 이러한 시스템적 특성을 보여준다. 개인 차원에서 창작자는 고유한 경험과 재능을 바탕으로 새로운 아이디어를 생성한다. 주제 영역 차원에서는 기존의 서사 전통, 장르 관습, 표현 기법들을 학습하고 내재화한다. 분야 차원에서는 비평가, 출판업계, 독자 공동체 등과의 상호작용을 통해 작품을 인정받고 문화적 영향력을 발휘한다.

반면 AI의 창의성은 다른 방식으로 접근해야 한다. 계산적 창의성(computational creativity) 연구에서는 AI의 창조적 능력을 조합적 창의성(combinatorial creativity), 탐험적 창의성(exploratory creativity), 변형적 창의성(transformational creativity)으로 분류한다(Boden, 2004). 조합적 창의성은 기존 요소들의 새로운 결합이고, 탐험적 창의성은 기존 개념 공간 내에서의 새로운 가능성 탐구이며, 변형적 창의성은 개념 공간 자체를 변화시키는 근본적 혁신이다. 현재 AI는 주로 조합적 창의성 수준에서 작동한다. 학습 데이터에서 추출한 다양한 패턴들을 새로운 방식으로 조합하여 예상치 못한 결과를 만들어 내는 것이다. '중세 기사와 외계인의 만남'이라는 설정으로 이야기를 쓸 때, 중세 로맨스와 SF 장르의 관습들을 결합하여 서사를 구성하는 식이다. 일부 고급 AI 시스템은 탐험적 창의성의 징후를 보이기도 하지만, 변형적 창의성은 현재로서는 구현하기 어렵다.

AI 창의성의 한계는 맥락적 이해 부족에 기인한다. 칙센트미하이의 모델로 보면, AI는 주제 영역(기존 지식)에 대한 접근은 뛰어나지만, 개인적 동기는 존재하지 않고 분야의 사회적 맥락에 대한 이해는 부족하다. 따라서 AI의 '창의성'은 종종 표면적이고 맥락을 벗어난 결과를 낳기도 한다. 그러나 AI 창의성의 독특한 가능성도 있다. 인간의 문화적 편향이나 인지적 한계에 구속되지 않아 예상치 못한 연결점들을 발견할 수 있다는 점이다. 또한 다양한 문화권의 서사 전통들을 동시에 참조하여 진정한 의미의 '세계적' 서사를 만들어 낼 가능성도 있다.

내러티브 커뮤니케이션 구조에서의 창작 비교

내러티브 커뮤니케이션의 4층위는 인간과 AI의 창작 방식 차이를 구체적으로 분석할 수 있는 유용한 프레임워크다. 각 층위에서 나타나는 창작 접근법의 차이를 살펴보면 두 주체의 근본적 특성을 명확히 파악할 수 있다.

행동 층위에서 인간 창작자는 등장인물의 대화와 행동을 통해 자연스러운 소통을 구현한다. 작가는 특정 상황에서 특정 성격의 인물이 어떻게 말하고 행동할지를 직관적으로 파악한다. 인간 창작자는 화용론적 복잡성을 자연스럽게 다룬다. 등장인물이 하는 말의 표면적 의미와 숨겨진 의도, 상황적 맥락에 따른 의미 변화를 통합적으로 고려한다. AI는 행동 층위에서 일정한 성과를 보이지만 한계도 명확하다. 문법적으로 올바르고 맥락에 적절한 응답을 만들어 낼 수 있고, 감정 분석을 통해 등장인물의 성격에 맞는 언어 스타일도 구현할 수 있다. 하지만 미묘한 화용론적 함의가 반영된 정교한 행동 층위 구현은 매우 어렵다.

서술 층위에서 인간 창작자는 서술 전략을 의식적으로 선택하고 조작한다. 어떤 관점에서 이야기를 전달할지, 어떤 정보를 언제 공개할지를 종합적으로 고려한다. 이를 통해 독자의 기대를 충족시키거나 의도적으로 배반하면서 특정한 반응을 유도한다. AI는 서술 기법의 형식적 특성은 학습할 수 있지만, 그 효과와 의도를 완전히 이해하지는 못한다. 예를 들어, 1인칭 서술과 3인칭 서술의 문법적 차이는 구현할 수 있지만, 왜 특정 상황에서 특정 서술 방식이 더 효과적인지에 대한 이해는 부족하다. 때문에 복합적인 서술 구조나 실험적인 기법에서는 오류가 많이 발생하게 된다.

허구적 층위에서 인간 창작자는 장르적 관습과 미학적 전통을 창조적으로 활용한다. 기존 장르의 관습을 따르면서도 새로운 변주를 시도하거나, 서로 다른 장르를 융합하여 독창적 효과를 만들어 낸다. 또한 인간은 상호텍스트적 관계를 의식적으로 구성하여 문화적 대화에 참여한다. AI는 장르 분류와 스타일 모방에서는 상당한 능력을 보이지만, 장르의 본질적 의미나 진화 방향을 이해하지는 못한다. 장르 융합을 시도할 수 있지만, 그 맥락에 대한 이해가 부족하므로 의미 있는 결과물을 만들어 내기 어렵다.

현실적 층위에서 인간 창작자는 자신이 속한 사회 역사적 맥락과 적극적으로 대화한다. 동시대의 사회적 이슈를 다루면서도 이를 보편적 인간 조건의 차원으로 확장시킨다. 또한 인간 창작자는 이데올로기적 선택을 의식적으로 수행하며 사회적 담론에 개입한다. AI는 현실적 층위에서 가장 큰 한계를 보인다. 사회적 이슈에 대한 정보는 처리할 수 있지만, 그것이 갖는 정치적, 이데올로기적 함의를 깊이 이해하거나 비판적으로 성찰할 수는 없다. 중립성을 유지하려는 경향 때문에 사회적 문제에 대한 명확한 입장을 취하지 못하는 경우가 많다.

층위 간 상호작용에서도 인간과 AI는 근본적 차이를

보인다. 인간 창작자는 모든 층위를 동시에 고려하고 각 층위를 오가면서 전체적인 내러티브를 만들어 낸다. 반면 AI는 각 층위를 개별적으로 처리하는 경향이 강해, 대화는 자연스럽지만 전체적 주제 의식이 흐릿하거나, 플롯은 정교하지만 사회적 맥락이 피상적인 결과를 낳기 쉽다.

인간과 AI의 내러티브 창작 방식 비교는 '창작'과 '생성' 사이의 근본적 차이를 드러낸다. 인간의 창작은 실존적 동기, 체화된 경험, 의도적 의미 구성, 통일적 비전을 특징으로 하는 반면, AI의 생성은 확률적 계산, 패턴 조합, 국소적 최적화, 조합적 변주를 기반으로 한다. 그리고 이러한 차이는 각각의 고유한 특성과 한계를 만들어 낸다. 인간의 창작은 감정적 진정성, 의미적 깊이, 일관된 세계관을 제공하지만, 개인적 편향, 제한된 경험, 생산성의 한계를 갖고 반대로 AI의 생성은 방대한 정보 활용, 빠른 속도, 예상치 못한 조합을 가능하게 하지만, 체험적 깊이, 진정한 의도성, 전체적 통일성에서는 한계를 보인다.

이러한 분석은 인간과 AI가 내러티브 창작에서 상호 보완적 역할을 할 수 있음을 시사한다. 인간의 직관적 통찰과 창조적 해석은 AI의 체계적 분석과 패턴 인식으로 보강될 수 있고, AI의 객관적 분석은 인간의 주관적 해석에 새로운 관점을 제공할 수 있다. 그러나 이러한 협력 가능성을 실현하기 위해서는 각각의 한계를 명확히 인식하고, 적절한 역할 분담과 상호작용 방식을 설계할 필요가 있다. 다음 장에서는 AI 내러티브 생성의 기술적 메커니즘을 구체적으로 살펴보며, 현재 기술의 실제 능력과 한계를 정확히 파악할 것이다.

참고문헌

Boden, M. A.(2004). *The creative mind: Myths and mechanisms (2nd ed.)*. Routledge.

Brown, T. et al.(2020). Language models are few-shot learners. *Advances in Neural Information Processing Systems, 33*, pp.1877~1901.

Csikszentmihalyi, M.(1996). *Creativity: Flow and the psychology of discovery and invention*. Harper Collins.

Heidegger, M.(1971). *Poetry, language, thought*. In Hofstadter, A.(trans.). Harper & Row.

Husserl, E.(1931). *Ideas: General introduction to pure phenomenology*. In Gibson, W. R. B.(trans.). Macmillan.

Merleau-Ponty, M.(1945). *Phenomenology of perception*. In Smith, C.(trans.). Routledge. 류의근 옮김(2002). 《지각의 현상학》. 문학과지성사.

Wei, J. et al.(2022). Chain of thought prompting elicits reasoning in large language models. arXiv:2201.11903.

07
AI 내러티브 생성의 기술적 메커니즘

AI 내러티브 생성은 대규모 언어 모델의 자기회귀적 처리와 어텐션 메커니즘에 기반한다. 프롬프트 엔지니어링과 파인튜닝을 통해 특정 스타일이나 장르에 특화된 생성이 가능하지만, 본질적으로는 학습 데이터의 패턴 재조합이다. 또한 다양한 디코딩 전략과 제어 방법을 통해 창의성과 일관성의 균형을 추구하지만, 장기적 일관성 유지와 진정한 독창성에서는 근본적 한계를 보인다.

AI와 애니메이션?

대규모 언어 모델의 아키텍처와 학습 과정

현재 AI 내러티브 생성의 핵심은 대규모 언어 모델(LLM)에 있다. 이들 모델의 기본 아키텍처인 트랜스포머(transformer)는 내러티브의 순차적 특성과 장거리 의존성을 효과적으로 처리할 수 있는 구조를 제공한다. 트랜스포머의 self-attention 메커니즘은 내러티브 생성에서 특히 중요한 역할을 한다. 각 토큰이 시퀀스 내의 모든 다른 토큰들과 직접적으로 상호작용할 수 있어 내러티브에서 중요한 복선, 등장인물 간의 관계, 주제적 연결성 등을 포착할 수 있다. 예를 들어, 소설의 초반부에 언급된 특정 사물이나 사건이 후반부에서 중요한 의미를 갖게 되는 경우, 어텐션 메커니즘을 통해 이러한 장거리 연관성을 학습할 수 있다.

GPT(Generative Pre-trained Transformer) 계열 모델들은 자기 회귀적(autoregressive) 생성 방식을 채택한다(Radford et al., 2019). 이는 이전에 생성된 모든 토큰들을 조건으로 하여 다음 토큰의 예측 과정을 반복하는 것이다. 내러티브 맥락에서 이는 자연스러운 이야기 흐름을 만들어 내는 데 적합하다. 등장인물의 대화, 사건의 전개, 감정의 변화 등이 앞선 맥락에 기반하여 일관성 있게 생성될 수 있다. 사전 학습(pre-training) 과정에서 모델은 방대한 텍스트 코퍼스로부터 언어의 통계적 패턴을 학습한다. GPT-3의 경우 약 45TB의 텍스트 데이터를 사용했으며, 이는 소설, 뉴스 기사, 웹페이지, 학술 논문 등 다양한 장르와 스타일의 텍스트를 포함한다(Brown et al., 2020). 이러한 다양성은 AI가 여러 내러티브 장르와 문체를 학습할 수 있게 한다. 모델은 추리소설의 긴장감 조성 기법, 로맨스 소설의 감정 표현 방식, 과학 소설의 세계관 구축 방법 등을 암묵적으로 학습한다.

토큰화(tokenization) 과정도 내러티브 생성에 중요한 영향을 미친다. 대부분의 모델들은 서브워드(subword) 단위로 토큰화를 수행하는데, 이는 어휘 외 단어(out-of-vocabulary) 문제를 해결하는 데 유리하지만, 의미 단위와 일치하지 않을 수 있다는 문제가 있다. 예를 들어, 등장인물의 이름이나 고유 명사가 여러 토큰으로 분할되면, 모델이 이들 간의 연관성을 파악하기 어려워질 수 있다. 이는 특히 등장인물의 일관성 유지나 복잡한 서사 구조 생성에서 한계로 작용한다. 최근의 발전 중 하나는 더 긴 컨텍스트 윈도를 지원하는 모델들의 등장이다. GPT-4는 32K 토큰까지 처리할 수 있고, Claude-3는 200K 토큰을 지원한다. 이는 장편 소설이나 복잡한 서사 구조를 가진 내러티브 생성에서 중요한 개선이다. 더 긴 맥락을 유지할 수 있어 등장인물의 성격 일관성, 복선의 적절한 회수, 주제적 통일성 등을 더 잘 구현할 수 있다.

프롬프트 엔지니어링과 파인튜닝 기법

AI 내러티브 생성에서 프롬프트 엔지니어링(prompt engineering)은 모델의 출력 품질을 결정하는 핵심 요소다. 효과적인 프롬프트는 단순한 지시문을 넘어서 모델이 원하는 스타일, 톤, 구조로 내러티브를 생성하도록 유도하는 전략적 도구다.

기본적인 프롬프트 설계에서 중요한 것은 명확성과 구체성이다. "소설을 써 달라"는 모호한 요청보다는 "1950년대 미국을 배경으로 한 흑인 재즈 뮤지션의 성장 이야기를 3인칭 시점으로 써 달라"처럼 구체적인 맥락을 제공하는 것이 훨씬 일관성 있는 결과를 낳는다. 장르, 시대적 배경, 등장인물, 서술 관점 등의 세부 사항을 명시하면 모델이 더 적절한 언어 패턴과 서사 구조를 선택할 수 있다. 퓨 숏 프롬프팅(few-shot prompting)은 내러티브 생성에서 특히 유용한 기법이다(Brown et al., 2020). 원하는 스타일이나 구조의 예시를 프롬프트에 포

학시켜 모델이 패턴을 학습하도록 하는 방식이다. 사고 연쇄(Chain of Thought) 프롬프팅은 복잡한 서사 구조를 생성할 때 유용하다. 모델이 단계별로 사고 과정을 명시하도록 하여 더 논리적이고 일관성 있는 내러티브를 생성할 수 있다. 롤 플레이 프롬프팅은 등장인물의 일관성을 유지하는 데 효과적이다. "당신은 40대 중년 남성으로, 사별 후 홀로 딸을 키우고 있습니다. 경제적 어려움과 양육의 부담을 겪고 있지만 딸에 대한 사랑으로 버텨나가고 있습니다. 이 인물의 시점에서 일기를 써 보세요"처럼 구체적인 인물 설정을 제공하면 더 그럴듯한(believable) 캐릭터를 만들 수 있다.

파인튜닝(fine-tuning)은 특정 내러티브 장르나 스타일에 특화된 모델을 만드는 데 사용된다. 지도 학습 파인튜닝(Supervised Fine-Tuning, SFT)에서는 고품질의 내러티브 데이터 세트를 사용하여 모델을 추가 학습시킨다. 예를 들어, 추리 소설 전문 모델을 만들고 싶다면 애거사 크리스티, 아서 코난 도일, 에드거 앨런 포 등의 작품으로 구성된 데이터 세트로 파인튜닝할 수 있다. 인간 피드백을 이용한 강화 학습(Reinforcement Learning from Human Feedback, RLHF)은 내러티브의 질적 측면을 개선하는 데 중요한 기법이다(Ouyang et al.,

2022). 인간 평가자들이 생성된 내러티브의 품질, 창의성, 일관성 등을 평가하고, 이 피드백을 바탕으로 모델을 개선한다. 이는 단순한 언어적 정확성을 넘어서 내러티브의 미학적, 감정적 효과를 향상시킬 수 있다. LoRA(Low-Rank Adaptation)나 어댑터(adapter) 기법들은 효율적인 파인튜닝을 가능하게 한다(Hu et al., 2021). 전체 모델을 재학습시키는 대신 소수의 매개 변수만 조정하여 특정 태스크에 적응시킬 수 있다. 이는 특히 여러 장르나 스타일의 내러티브 생성 모델을 효율적으로 구축하는 데 유용하다. 그러나 파인튜닝에는 한계도 있다. 과적합(overfitting) 문제로 인해 학습 데이터와 유사한 패턴만 생성될 수 있으며, 또한 파인튜닝 데이터의 편향이 강화되어 다양성이 감소할 위험도 있다.

생성 전략과 제어 방법

AI 내러티브 생성에서 '생성 전략'은 학습된 모델이 실제로 텍스트를 출력하는 방식을 의미하는 디코딩(decoding) 기법을, '제어 방법'은 생성 과정에서 특정 속성이나 조건을 만족하도록 유도하는 기술을 가리킨다. 이 두 요소의 선택과 조합은 생성되는 내러티브의 창의성, 일관성, 다양성을 직접적으로 결정한다.

디코딩 전략은 크게 결정적(deterministic) 방법과 확률적(stochastic) 방법으로 나뉜다. 그리디 디코딩(greedy decoding)은 각 단계에서 가장 높은 확률을 가진 토큰을 선택하는 가장 단순한 결정적 방법이다. 이는 일관성 있고 유창한 텍스트를 생성하지만, 예측 가능하고 창의성이 부족한 결과를 낳는 경우가 많다. 내러티브 생성에서 이는 상투적인 플롯 전개나 진부한 표현으로 이어질 수 있다. 빔 서치(beam search)는 여러 후보를 동시에 고려하여 전체적으로 더 나은 시퀀스를 찾는 방법이지만, 역시 반복적이고 예측 가능한 패턴을 선호하는 경향이 있다. 확률적 방법들은 더 다양하고 창의적인 결과를 만들어 낸다. 탑-k 샘플링은 상위 k개의 가장 가능성 높은 토큰 중에서 확률에 따라 선택하는 방법이고, 탑-p(nucleus) 샘플링은 누적 확률이 p에 도달할 때까지의 토큰들 중에서 선택한다(Holtzman et al., 2019). 온도(temperature) 매개 변수는 이러한 확률적 선택의 무작위성을 조절하는 핵심 도구다. 낮은 온도(0.1~0.3)는 보수적이고 일관성 있는 텍스트를, 높은 온도(0.8~1.2)는 더 창의적이지만 때로는 일관성이 떨어지는 텍스트를 만든다.

제어 방법들은 생성 과정에서 특정 조건을 만족하도

록 유도하는 기술들이다. 구조적 제어는 내러티브의 형식적 측면을 조절한다. 키워드 제어는 특정 단어나 개념이 텍스트에 포함되도록 강제하여 등장인물, 장소, 사물 등이 반드시 등장하도록 할 수 있다. 길이 제어는 생성되는 텍스트의 길이를 조절하여 단편 소설이나 장편 소설 등 원하는 형식에 맞출 수 있다. 감정 제어는 내러티브의 정서적 톤을 조절하는 중요한 기법으로, 사전 훈련된 감정 분류 모델을 사용하여 특정 감정이 표현되도록 유도할 수 있다. 더 정교한 제어를 위해 PPLM(Plug and Play Language Models)이나 CTRL(Conditional Transformer Language Model) 같은 제어 가능한 생성 모델들이 개발되었다(Dathathri et al., 2019; Keskar et al., 2019). 이들은 장르, 스타일, 주제 등의 속성을 직접 지정하여 내러티브를 생성할 수 있다. 예를 들어, '공포'와 '로맨스'를 동시에 만족하는 내러티브를 생성하거나, 특정 작가의 스타일로 현대적 주제를 다루는 이야기를 만들 수 있다.

그러나 디코딩 전략과 제어 방법들에는 근본적인 상충 관계가 존재한다. 강한 제어는 일관성과 목적 달성에는 유리하지만 창의성과 자연스러움을 해칠 수 있다. 반대로 약한 제어는 더 자연스럽고 창의적인 결과를 낳지만 원하는 목표에서 벗어날 위험이 있다. 내러티브 생성에서는 이러한 균형을 적절히 조절하는 것이 핵심이며 등장인물의 성격, 사건의 연속성, 세계관의 일관성을 장기간에 걸쳐 유지하는 것은 현재 기술로는 여전히 어려운 과제다.

현재 성과와 한계 분석

현재 AI 내러티브 생성 기술의 실제 능력을 평가하기 위해서는 내러티브에 특화된 정량적 지표와 질적 분석을 종합적으로 검토해야 한다. 내러티브 평가는 일반적인 자연어 생성과 달리 응집성, 창의성, 감정적 깊이 등 고유한 도전 과제들을 제시한다.

내러티브 평가를 위한 정량적 지표들은 점진적으로 개발되어 왔다. Coh-Metrix는 텍스트 응집성을 측정하는 대표적 도구로, 지역적 · 전역적 응집성, 어휘 복잡성, 구문 복잡성 등 150개 이상의 언어적 지표를 제공한다(McNamara et al., 2014). TAACO(Tool for the Automatic Analysis of Cohesion)는 텍스트의 국소적, 전역적, 전체적 응집성을 자동으로 분석하는 도구다(Crossley et al., 2016). 내러티브 특화 지표로는 등장인물 일관성, 플롯 진행, 시간적 연속성, 인과 관계의 논리성을 측정하는 지표들이 개발되었다. 창의성 측정에서는 참신성(novelty), 놀라움(surprise), 다양성(diversity), 독창성(originality) 등의 차원에서 자동 평가가 시도되고 있다(Ismayilzada et al., 2024). BERTScore와 BERT Next Sentence Prediction은 의미적 일관성과 문맥적 연결성을 평가하는 데 활용된다(Zhang et al., 2019).

이러한 정량적 지표들로 AI 생성 내러티브를 평가한 결과는 복합적인 양상을 보인다. 언어적 유창성과 구조적 일관성 측면에서 GPT-4나 Claude-3 같은 최신 모델들은 상당한 성과를 보여준다. Coh-Metrix 지표에서 AI 생성 텍스트는 문법적 정확성과 어휘 복잡성에서 높은 점수를 받는다. 단편 내러티브(1000~3000 단어)에서는 TAACO의 응집성 지표들이 양호한 수준을 나타내며, 플롯 일관성과 등장인물 설정에서도 안정적인 결과를 보인다. 그러나 창의성 지표에서는 제한적인 성과를 보인다. AI 생성 이야기는 언어적 복잡성은 높지만 참신성과 다양성에서는 인간 작가에 비해 현저히 낮은 점수를 받는다(Chakrabarty et al., 2024). 특히 1만 단어 이상의 장편에서는 응집성 지표가 급격히 저하되며, 등장인물 일관성과 플롯 논리성에서 심각한 문제를 보인다.

인간 평가자들의 AI 생성 내러티브에 대한 반응은 평가 조건에 따라 흥미로운 차이를 보인다. AI 생성 여부를 모르고 평가할 때, 비전문가들은 AI 생성 이야기를 인간 작품보다 더 창의적이라고 평가하는 경향이 있다. 이는 AI가 생성하는 언어적 복잡성을 창의성으로 오인하는 현상으로 해석된다(Callan & Foster, 2023). 반면 전문가 평가자들은 AI 생성 여부를 알지 못해도 일관되게 낮은 점수를 부여하며, 특히 서사적 깊이와 감정적 진정성에서 한계를 지적한다. AI 생성 여부를 사전에 알고 평가할 때는 전반적으로 더 엄격한 기준이 적용되며, 기술적 완성도는 인정하지만 예술적 가치에서는 회의적인 반응을 보인다. 흥미롭게도 전문가들은 AI 생성 텍스트를 구별하는 정확도가 80% 이상으로 높았지만, 비전문가들은 50% 수준에 머물렀다.

이러한 평가 결과들은 AI 내러티브 생성의 현재 한계를 명확히 드러낸다. 가장 심각한 문제는 장편에서의 일관성 유지다. 현재 모델들의 맥락 윈도우 제한으로 인해 긴 이야기에서는 등장인물 설정 모순, 플롯 전개의 논리적 불일치, 이전 사건의 망각 등이 빈번하게 발생한다. 창의성과 독창성 면에서도 근본적 한계가 있다. AI는 기존 패턴의 조합에는 뛰어나지만, 진정으로 새로운 서사 구조나 혁신적 플롯을 창안하기 어렵다. 문화적 특수성과 깊이 있는 맥락 이해에서도 제약을 보이며, 감정적 진정성과 예술적 가치 창출에서는 여전히 인간과 상당한 격차가 존재한다. 최근 연구들은 이러한 한계를 극복하기 위한 다양한 기술적 개선을 시도하고 있다. 계층적 생성 모델, RAG(Retrieval-Augmented Generation) 기법, 다중 에이전트 시스템 등이 그 예다. 그러나 이러한 개선에도 불구하고 진정한 장기 기억, 일관된 세계관 구축, 복합적 문화 맥락 이해 등은 여전히 어려운 과제이며, 예술적 가치와 감정적 진정성의 구현은 AI 내러티브 생성의 근본적 한계로 보인다.

참고문헌

Brown, T. et al.(2020). Language models are few-shot learners. *Advances in Neural Information Processing Systems, 33*, pp.1877~1901.

Callan, D. & Foster, J.(2023). How interesting and coherent are the stories generated by a large-scale neural language model? Comparing human and automatic evaluations of machine-generated text. *Expert Systems, 40*(6), e13292.

Ismayilzada, M. et al.(2024). Evaluating creative short story generation in humans and large language models. arXiv preprint arXiv:2411.02316.

Crossley, S. A. et al.(2016). The tool for the automatic analysis of text cohesion (TAACO): Automatic assessment of local, global, and text cohesion. *Behavior Research Methods,*

48(4), pp.1227~1237.

Dathathri, S. et al.(2019). Plug and play language models: A simple approach to controlled text generation. arXiv:1912.02164.

Holtzman, A. et al.(2019). The curious case of neural text degeneration. arXiv:1904.09751.

Hu, E. J. et al.(2021). LoRA: Low-rank adaptation of large language models. arXiv:2106.09685.

Keskar, N. S. et al.(2019). CTRL: A conditional transformer language model for controllable generation. arXiv:1909.05858.

McNamara, D. S. et al.(2014). *Automated evaluation of text and discourse with Coh-Metrix*. Cambridge University Press.

Ouyang, L. et al.(2022). Training language models to follow instructions with human feedback. *Advances in Neural Information Processing Systems, 35*, pp.27730~27744.

Radford, A. et al.(2019). Language models are unsupervised multitask learners. https://cdn.openai.com/better-language-models/language_models_are_unsupervised_multitask_learners.pdf

Zhang, T. et al.(2019). BERTScore: Evaluating text generation with BERT. *International Conference on Learning Representations*.

08
내러티브 이해와 창작 간 순환과 단절

인간에게 내러티브 이해와 창작은 상호 강화되는 순환적 과정이다. 체화된 경험과 메타인지적 능력을 통해 두 과정이 통합적으로 작동하며, 단절은 예외적 상황에서만 발생한다. 반면 AI에서는 이해와 생성이 구조적으로 분리되어 있으며, 순환적 검증 메커니즘이 부재하다. LLM의 환각 현상은 이러한 분리의 부작용이자 메타인지적 능력 부재를 보여주는 핵심 사례다.

AI와 인재 채용?

인간의 내러티브 이해-창작 순환: 피드백과 상호 강화

인간에게 내러티브 이해와 창작은 분리될 수 없는 순환적 과정이다. 이러한 순환성은 인지적, 신경과학적, 발달심리학적 차원에서 확인할 수 있으며, 내러티브 능력의 발달과 심화에 핵심적 역할을 한다.

인간의 내러티브 이해 과정은 본질적으로 창작적 요소를 포함한다. 독자는 텍스트의 불완전한 정보를 자신의 경험과 상상력으로 채우며 능동적으로 의미를 구성한다. 이는 일종의 '재창작' 과정으로, 독자는 텍스트와 협력하여 새로운 내러티브 경험을 만들어 낸다. 반대로 창작 과정에서도 지속적인 이해와 평가가 수반된다. 작가는 자신이 쓴 텍스트를 독자의 관점에서 읽어 보며 효과를 점검한다. 이는 내재적 독자(implicit reader)의 관점을 시뮬레이션하는 과정으로, 창작 중에도 이해 능력이 적극적으로 활용된다. 신경과학 연구들은 내러티브 이해와 생산이 뇌의 유사한 네트워크를 공유한다는 증거를 제시한다. fMRI 연구에 따르면, 이야기를 읽을 때와 만들어 낼 때 모두 좌반구의 브로카 영역, 베르니케 영역, 그리고 양쪽 반구의 측두엽과 전전두피질이 활성화된다(Mar, 2004). 특히 '디폴트 모드 네트워크(Default

Mode Network)'는 내러티브 이해와 창작 모두에서 핵심적 역할을 한다. 이 네트워크는 자전적 기억, 미래 계획, 마음 이론, 도덕적 추론 등을 담당하는데, 이 모든 기능들이 내러티브 처리에 필수적이다(Buckner & Carroll, 2007).

아동의 내러티브 능력 발달 과정은 이해와 창작의 순환적 관계를 명확히 보여준다. 피아제와 인헬더(Piaget & Inhelder, 1969)의 연구에 따르면, 아동은 이야기를 듣고 이해하는 능력과 스스로 이야기를 만드는 능력을 동시적으로 발달시킨다. 더 중요한 것은 이 두 능력이 상호 촉진한다는 점이다. 다양한 이야기를 접한 아동일수록 더 복잡하고 창의적인 이야기를 만들어 내며, 역으로 이야기 만들기 활동에 많이 참여한 아동일수록 이야기 이해 능력이 향상된다(Peterson & McCabe, 1983). 문해 능력의 발달에서도 읽기와 쓰기는 상호 강화적 관계에 있으며, 특히 내러티브 장르에서 이러한 상관관계가 가장 강하게 나타난다(Shanahan, 2006).

인간 내러티브 처리의 단절: 신경학적 분리와 인지적 한계

그러나 인간의 내러티브 이해와 창작이 항상 순조롭게

연결되는 것은 아니다. 특정 조건에서는 두 과정 간의 단절이 발생하며 이는 신경학적 손상, 인지적 과부하, 발달적 비동시성 등의 형태로 나타난다.

뇌손상으로 인한 실어증 연구는 내러티브 이해와 창작이 부분적으로 분리될 수 있음을 보여준다. 브로카 실어증 환자들은 언어 이해 능력은 상대적으로 보존되지만, 유창한 언어 산출에 심각한 어려움을 겪는다(Goodglass & Kaplan, 1983). 내러티브 맥락에서 이들은 이야기를 듣고 이해할 수 있지만, 스스로 일관된 이야기를 구성하여 말하거나 쓰는 데는 큰 제약이 있다. 반대로 베르니케 실어증 환자들은 유창하지만 의미가 불분명한 언어를 산출하면서도 타인의 언어 이해에는 어려움을 겪는다. 우반구 손상 환자들은 기본적인 언어 능력은 보존되지만 화용론적 추론, 은유 이해, 담화 수준의 응집성 등에서 어려움을 보인다(Brownell et al., 1983).

정상적인 개인에게서도 인지적 부하가 증가하면 이해와 창작 간의 연결이 약화될 수 있다. 작업 기억(working memory)의 용량 제한은 특히 복잡한 내러티브에서 이러한 단절을 유발한다. 매우 복잡한 서사 구조를 가진 소설을 읽을 때 독자는 이해에 모든 인지적 자원을 집중해야 하며, 이때 창작적 상상이나 개인적 연결 만들기는 억제될 수 있다. 반대로 창작 과정에서도 기술적 측면에 과도하게 집중하면 내용의 질이나 독자에 대한 고려가 소홀해질 수 있다(Flower & Hayes, 1981).

개인차 연구들은 내러티브 이해와 창작 능력이 항상 동일한 수준으로 발달하지 않음을 보여준다. 일부 개인은 뛰어난 독서 이해력을 보이면서도 창작에서는 평범한 수준을 보이며, 반대로 창의적인 이야기를 만들어 내면서도 복잡한 텍스트 이해에는 어려움을 겪는 경우도 있다(Kintsch & Rawson, 2005). 이러한 비동시성은 특히 학습 장애나 특수 재능 영역에서 두드러진다. 읽기 장애 학생들 중에는 구어 내러티브 창작에서는 뛰어난 능력을 보이면서도 문어 텍스트 이해에서는 어려움을 겪는 경우가 있다.

AI의 이해-생성 비대칭성: 아키텍처의 근본적 분리

AI 시스템에서 내러티브 이해와 생성 능력 간에는 인간과는 다른 양상의 비대칭성이 나타난다. 이는 기술적 아키텍처의 특성과 학습 방식의 차이에서 비롯되며, 인간의 통합적 처리와는 본질적으로 다른 패턴을 보인다.

전통적인 NLP 시스템에서는 이해와 생성 작업이 명

시적으로 분리되어 설계되었다. BERT는 이해 작업에, GPT는 생성 작업에 특화된 대표적 사례다. BERT의 양방향 인코더 구조는 전체 맥락을 동시에 고려하여 텍스트 분석을 가능하게 하지만, 순차적 생성에는 적합하지 않다. 반대로 GPT의 자기 회귀적 디코더 구조는 자연스러운 텍스트 생성을 가능하게 하지만, 양방향 맥락을 활용한 분석에는 제약이 있다. 최근의 대규모 언어 모델들은 단일 아키텍처로 다양한 작업을 수행할 수 있지만, 여전히 내부적으로는 서로 다른 처리 패턴을 보인다.

AI의 이해와 생성 능력 간 비대칭성은 평가와 최적화의 근본적 차이에서도 비롯된다. 이해와 생성 모두 평가에서 복잡한 과제를 안고 있지만, 그 성격이 다르다. 이해 평가는 질의응답, 감정 분석 등을 통해 이루어지지만 '진정한 이해'를 측정하는 것은 여전히 논란이 많은 문제다. 생성 평가 역시 응집성, 창의성, 감정적 깊이 등의 다차원적 지표로 측정되지만, 예술적 가치나 문화적 공명을 포착하기 어렵다. 더 중요한 것은 최적화 과정의 차이다. 이해 작업은 기존 텍스트에 대한 분석과 해석에 집중하는 반면, 생성 작업은 새로운 텍스트의 창출에 초점을 맞춘다.

훈련 데이터의 특성과 태스크 분포도 비대칭성에 영

향을 미친다. 대부분의 사전 훈련 데이터는 완성된 텍스트들로 구성되어 있어, 모델은 주로 '좋은' 텍스트의 패턴을 학습한다. 그러나 실제 창작 과정의 시행착오, 수정, 발전 과정은 데이터에 거의 포함되지 않는다. 또한 이해와 생성 작업의 태스크 분포도 다르다. 이해 작업은 주로 짧은 텍스트와 명확한 질문으로 구성되는 반면, 생성 작업은 긴 형식의 창의적 텍스트를 요구하는 경우가 많다. 파인튜닝 과정에서도 이해와 생성은 종종 별도로 최적화되며, 인간 피드백을 통한 강화 학습에서도 서로 다른 기준이 적용된다(Ouyang et al., 2022).

이러한 구조적 분리는 AI의 내러티브 처리에서 특유의 현상들을 만들어 낸다. AI는 내러티브를 분석하고 해석하는 능력과 실제로 창작하는 능력 사이에 일관성이 부족하다. 예를 들어, AI가 특정 작품의 문학적 기법을 정확히 분석할 수 있더라도, 그와 유사한 수준의 기법을 자신의 창작에 적용하지는 못한다. 또한 AI는 내러티브의 품질을 평가하는 능력과 고품질 내러티브를 생성하는 능력 사이에도 괴리를 보인다. 이는 인간의 경우 비평 능력과 창작 능력이 상호 강화되는 것과 대조적이다.

LLM의 환각 현상: 순환과 단절의 관점에서

대규모 언어 모델의 '환각(hallucination)' 현상은 내러티브 이해와 생성 간의 순환과 단절이라는 관점에서 새롭게 해석할 수 있다. 환각은 단순한 오류가 아니라 AI의 이해-생성 처리 방식의 근본적 특성을 드러내는 현상으로, 인간의 메타인지적 순환 부재를 보여주는 핵심 사례다.

LLM의 환각은 주로 생성 과정에서 발생하지만, 그 근원은 이해와 생성 사이의 순환적 검증 메커니즘의 부재에 있다. 모델이 입력 텍스트를 처리할 때, 명시적 정보와 암묵적 추론을 구분하지 못하고 모든 것을 동일한 확률적 공간에서 처리한다. 이는 인간의 선이해와 텍스트적 지평 간의 명확한 구분과는 다른 양상이다. 예를 들어, "셰익스피어의 잃어버린 작품에 대해 써 달라"는 요청에 대해 모델은 실제 작품과 가상의 작품을 구분하지 못하고 그럴듯한 제목과 내용을 생성할 수 있다. 인간의 경우 이해 과정에서 자연스럽게 '이것은 내가 아는 사실인가, 추측인가, 상상인가?'를 구분하는 메타인지적 모니터링이 작동한다.

환각 현상은 LLM에서 이해와 생성 간 순환적 검증 부재를 극명하게 드러낸다. 인간은 내러티브를 창작하면서 동시에 독자의 관점에서 자신의 텍스트를 검토하고 평가한다. 이러한 내재적 순환 과정을 통해 사실적 오류나 논리적 모순을 발견하고 수정한다. 반면 AI는 생성된 텍스트에 대한 실시간 메타인지적 평가가 부족하다. 토큰을 순차적으로 생성하는 과정에서 이전에 생성한 내용의 타당성을 재검토하거나, 전체적 일관성을 유지하기 위해 생성 방향을 조정하는 능력이 제한적이다.

내러티브 맥락에서 환각은 특히 복합적인 양상을 보인다. 모델이 존재하지 않는 역사적 사건이나 가상의 인물에 대한 그럴듯한 서술을 만들어 낼 때, 이는 사실적 관점에서는 환각이지만 창작적 관점에서는 흥미로운 소재가 될 수 있다. 이러한 모호성은 환각과 창의성 간의 미묘한 경계를 보여준다. 그러나 인간의 창작적 상상력은 현실에 대한 이해를 바탕으로 한 의도적 변형인 반면, LLM의 환각은 현실과 허구의 구분 없이 패턴을 조합한 결과다. 인간은 '이것은 사실이고 이것은 내가 만든 허구다'라는 메타인지적 구분을 유지하면서 창작하지만, AI는 이러한 구분 능력이 부족하다.

현재 LLM 연구에서는 환각을 줄이면서도 창의성을 유지하는 다양한 방법들이 시도되고 있으며, 이들은 본질적으로 인간의 순환적 검증 메커니즘을 모방하려는 시도로 볼 수 있다. RAG(Retrieval-Augmented Generation) 기법은 외부 지식 베이스를 활용하여 이해 단계를 강화하고 생성 과정에서 사실적 검증을 수행한다(Lewis et al., 2020). Constitutional AI는 모델이 자신의 출력을 검토하고 수정하는 능력을 학습시켜 일종의 내재적 순환 구조를 구현하려 한다(Bai et al., 2022). Multi-agent systems에서는 여러 AI가 각각 생성자, 비평자, 편집자 역할을 담당하여 서로 견제하고 보완하는 외재적 순환 구조를 만든다. 그러나 진정한 메타인지적 능력과 맥락적 판단력의 부재는 여전히 해결되지 않은 과제로 남아있으며, 이는 AI와 인간 사이의 근본적 차이를 보여주는 핵심적 영역이다. 환각 현상은 단순히 기술적으로 해결해야 할 문제가 아니라, AI의 내러티브 처리 방식이 갖는 구조적 특성을 이해하는 중요한 단서를 제공한다.

내러티브 이해와 창작 간의 순환과 단절에 대한 분석은 인간과 AI의 근본적 차이를 명확히 드러낸다. 인간에게 이해와 창작은 체험적 기반 위에서 상호 강화되는 통합적 과정이며, 단절은 예외적이거나 병리적 상황에서 발생한다. 반면 AI에게는 이해와 생성이 구조적으로 분리된 처리 과정이며, 순환은 인위적으로 구현해야 하는 목표다.

가장 중요한 차이는 메타인지적 능력의 유무다. 인간은 자신의 이해 과정을 모니터링하고, 창작 과정을 성찰하며, 두 과정 간의 관계를 의식적으로 조절할 수 있다. 현재 AI에게는 이러한 메타인지적 능력이 없다. 자신의 이해나 생성에 대한 확신도를 일정 정도 표현할 수 있지만, 이는 실제 메타인지라기보다는 학습된 패턴의 반영에 가깝다.

LLM의 환각 현상은 이러한 분리의 부작용이자 동시에 창의적 가능성을 보여주는 흥미로운 사례다. 환각을 단순한 오류로 보는 것이 아니라 AI의 처리 방식이 갖는 특성으로 이해할 때, 더 효과적인 활용 방안을 모색할 수 있다. 이 장에서의 분석은 9장에서 다룰 인간-AI 협업의 이론적 토대를 제공한다. 인간의 통합적 순환과 AI의 특화된 처리가 어떻게 상호 보완될 수 있는지, 각각의 단절과 한계를 어떻게 극복할 수 있는지에 대한 구체적 방안을 모색하는 기반이 된다.

참고문헌

Bai, Y. et al.(2022). Constitutional AI: harmlessness from AI feedback. arXiv:2212.08073.

Brownell, H. H. et al.(1983). Surprise but not coherence: sensitivity to verbal humor in right-hemisphere patients.

Brain and Language, 18(1), pp.20~27.
Buckner, R. L. & Carroll, D. C.(2007). Self-projection and the brain. *Trends in Cognitive Sciences, 11*(2), pp.49~57.
Flower, L. & Hayes, J. R.(1981). A cognitive process theory of writing. *College Composition and Communication, 32*(4), pp.365~387.
Goodglass, H. & Kaplan, E.(1983). *The assessment of aphasia and related disorders (2nd ed.)*. Lea & Febiger.
Kintsch, W. & Rawson, K. A.(2005). Comprehension. In Snowling, M. J. & Hulme, C.(eds.). *The Science of Reading: A Handbook*, pp.209~226. Blackwell Publishing.
Lewis, P. et al.(2020). Retrieval-augmented generation for knowledge-intensive NLP tasks. *Advances in Neural Information Processing Systems, 33*, pp.9459~9474.
Mar, R. A.(2004). The neuropsychology of narrative: story comprehension, story production and their interrelation. *Neuropsychologia, 42*(10), pp.1414~1434.
Ouyang, L. et al.(2022). Training language models to follow instructions with human feedback. *Advances in Neural Information Processing Systems, 35*, pp.27730~27744.
Peterson, C. & McCabe, A.(1983). *Developmental psycholinguistics: three ways of looking at a child's narrative*. Plenum Press.
Piaget, J. & Inhelder, B.(1969). *The psychology of the child*. In Weaver, H.(trans.). Basic Books.
Shanahan, T.(2006). Relations among oral language, reading, and writing development. In MacArthur, C. A. et al.(eds.). *Handbook of Writing Research*, pp.171~183. The Guilford Press.

09
인간-AI 내러티브 협업 설계

효과적인 인간-AI 내러티브 협업은 각 주체의 강점과 한계를 고려한 체계적 역할 분담을 요구한다. 내러티브 커뮤니케이션 구조에 기반하여 AI는 구조적 분석과 패턴 생성을, 인간은 의미 부여와 창의적 변형을 담당하는 협업 아키텍처를 제안한다. 품질 관리와 창의성 증진의 균형, 기술적 한계와 윤리적 고려사항을 검토하여 지속 가능한 협업 체계 구축 방안을 모색한다.

AI와 기자?

CSCW 관점에서의 인간-AI 협업 특성

인간-AI 내러티브 협업은 전통적인 인간 간 협업과는 본질적으로 다른 특성을 갖는다. CSCW(Computer-Supported Cooperative Work) 이론의 관점에서 이러한 차이점을 분석하면, 새로운 형태의 협업 모델 설계를 위한 중요한 통찰을 얻을 수 있다.

전통적인 CSCW에서 컴퓨터는 인간 간 협업을 지원하는 매개 도구였지만, 인간-AI 협업에서는 AI가 능동적 참여자가 된다. 이는 협업의 기본 전제를 근본적으로 변화시킨다. 그루딘(Grudin, 1994)이 제시한 협업의 핵심 요소인 상호 의존성(interdependence), 공동 목표(shared goals), 상호 인식(mutual awareness)이 인간-AI 협업에서는 다르게 구현된다. 상호 의존성 측면에서, 인간과 AI는 서로 다른 종류의 능력과 한계를 가지므로 보완적 관계를 형성한다. 인간은 창의적 통찰, 맥락적 이해, 감정적 깊이를 제공하고, AI는 빠른 처리 속도, 광범위한 패턴 인식, 일관된 품질을 제공한다. 그러나 이러한 의존성은 비대칭적이다. 인간은 AI의 기능을 이해하고 활용할 수 있지만, AI는 인간의 의도나 감정을 완전히 파악하지 못한다.

공동 목표 설정에서도 차이가 나타난다. 인간 간 협업

에서는 협상과 조정을 통해 공동 목표가 형성되지만, 인간-AI 협업에서는 주로 인간이 목표를 설정하고 AI가 이를 수행하는 방식이다. AI는 명시적으로 주어진 목표는 효과적으로 수행할 수 있지만, 암묵적이거나 진화하는 목표를 이해하는 데는 한계가 있다. 상호 인식 측면에서, 인간은 AI의 능력과 한계를 학습할 수 있지만, AI는 인간의 실시간 상태나 의도 변화를 감지하지 못한다 (Shneiderman, 2020).

내러티브 협업에서 특히 중요한 것은 창의성의 문제다. 보덴(Boden, 2004)의 창의성 분류에 따르면, AI는 주로 조합적 창의성(combinatorial creativity)에 강점을 보이는 반면, 인간은 변형적 창의성(transformational creativity)에서 우위를 갖는다. 이러한 차이는 협업에서 역할 분담의 기초가 된다. AI는 기존 요소들의 새로운 조합을 통한 아이디어 생성이나 초안 작성에 활용될 수 있고, 인간은 전체적 방향 설정, 의미 부여, 독창적 변형에 집중할 수 있다. 또한 시간성(temporality)의 차이도 고려해야 한다. 인간의 내러티브 활동은 시간의 흐름과 함께 발전하고 성숙하는 과정적 특성을 갖지만, AI의 처리는 각 세션이 독립적이다. 이는 장기적 프로젝트나 시리즈 작업에서 연속성 유지의 과제를 만든다. 인간-AI 협업 시스템에는 이러한 시간적 불일치를 해결하기 위한 메커니즘이 필요하다.

내러티브 협업 아키텍처와 역할 분담

효과적인 인간-AI 내러티브 협업을 위해서는 각 주체의 강점과 한계를 고려한 체계적인 역할 분담과 상호작용 설계가 필요하다. 내러티브 커뮤니케이션 모델을 기반으로 이러한 협업 아키텍처를 설계해 볼 수 있다.

행동 층위에서는 AI가 대화 생성과 초기 장면 구성에 활용될 수 있다. AI는 등장인물 간의 자연스러운 대화를 빠르게 생성하고, 다양한 상황에서의 반응을 시뮬레이션할 수 있다. 인간은 등장인물의 깊이 있는 성격 설정, 대화의 서브텍스트, 화용론적 의미를 담당한다. 협업 과정에서 AI가 생성한 대화 초안을 인간이 검토하고 수정하여 감정적 깊이와 맥락적 적절성을 높일 수 있다.

서술 층위에서는 AI의 구조적 분석 능력과 인간의 서사적 직관을 결합할 수 있다. AI는 시점, 시제, 서술 거리 등의 기술적 일관성을 유지하고, 복잡한 서사 구조의 논리적 연결성을 점검할 수 있다. 인간은 서술 전략의 선택, 독자 효과의 계산, 서사적 긴장감의 조절을 담당한다. 예를 들어, AI가 전체 텍스트의 시점 일관성을 검토하는 동안, 인간은 특정 장면에서 시점 변화의 효과적 활용을 결정할 수 있다.

허구적 층위에서는 AI의 패턴 인식 능력과 인간의 미학적 판단을 결합한다. AI는 장르적 관습의 분석, 상호텍스트적 참조의 식별, 문체적 일관성 유지에 활용될 수 있다. 인간은 전체적 미학적 비전의 설정, 장르적 혁신의 시도, 문화적 맥락의 고려를 담당한다. AI가 기존 작품들과의 유사성이나 차이점을 분석하는 동안, 인간은 그러한 분석을 바탕으로 독창적 변주나 전복을 시도할 수 있다.

현실적 층위에서는 주로 인간이 주도적 역할을 한다. 사회 역사적 맥락의 해석, 이데올로기적 입장의 설정, 윤리적 책임의 고려는 인간의 고유 영역이다. AI는 관련 정보의 수집과 정리, 다양한 관점의 제시, 사실적 정확성의 검토에 활용될 수 있다. 그러나 궁극적인 가치 판단과 사회적 메시지의 설정은 인간이 담당해야 한다.

협업 아키텍처 설계에서 중요한 것은 순차적(sequential) 협업과 병렬적(parallel) 협업의 적절한 조합이다(Kaptelinin & Nardi, 2006). 순차적 협업에서는 AI가 초안을 생성하고 인간이 수정하거나, 인간이 개요를 작성하고 AI가 세부 사항을 채우는 방식이다. 병렬적 협업에서는 인간과 AI가 동시에 다른 측면을 담당하여 서로의 작업을 실시간으로 보완한다. 효과적인 협업 시스템은 프로젝트의 성격과 단계에 따라 이 두 방식을 유연하게 전환할 수 있어야 한다.

협업 과정에서 품질 관리와 창의성 증진

인간-AI 내러티브 협업에서 품질 관리와 창의성 증진은 상호 모순될 수 있는 목표다. 품질 관리는 일관성과 완성도를 추구하는 반면, 창의성 증진은 실험과 혁신을 요구한다. 효과적인 협업 시스템은 이 두 목표 간의 균형을 유지할 수 있는 메커니즘을 제공해야 한다.

품질 관리 측면에서, AI는 다층위적 일관성 검토에 특화된 능력을 보인다. 등장인물의 성격 일관성, 시간적 순서의 논리성, 설정의 모순 여부 등을 체계적으로 점검할 수 있다. 인간은 AI가 놓칠 수 있는 미묘한 뉘앙스, 감정적 적절성, 문화적 민감성을 검토한다. 협업 시스템은 이러한 다차원적 품질 검토를 지원하는 인터페이스를 제공해야 한다. 예를 들어, AI가 발견한 잠재적 문제들을 우선순위별로 정리하여 인간에게 제시하고, 인간이 각 문제에 대한 해결 방향을 결정할 수 있도록 해야 한다. 버전 관리(version control)와 변경 추적(change tracking)도 중요한 품질 관리 도구다. 내러티브 작업에서는 여러 버전의 시도가 이루어지며, 때로는 이전 버전으로 되돌아가야 할 필요가 있다. AI는 각 변경 사항의 영향을 전체 텍스트에서 추적하고, 변경으로 인한 새로운 일관성 문제를 예측할 수 있다. 인간은 변경의 필요성과 방향을 결정하고, AI의 영향 분석을 바탕으로 최종 결정을 내린다.

창의성 증진 측면에서, AI는 브레인스토밍과 아이디어 생성에서 강력한 파트너가 될 수 있다. 다양한 문화권의 서사 전통, 장르적 관습, 표현 기법들을 조합하여 예상치 못한 아이디어를 제시할 수 있다. 인간은 이러한 아이디어들을 평가하고 선별하여 자신의 창작 의도에 맞게 발전시킨다. 중요한 것은 AI의 제안이 인간의 창의성을 억압하지 않고 자극하는 방향으로 작동해야 한다는 점이다. 제약 기반 창의성(constraint-based creativity) 기법도 유용하다. AI가 특정한 제약 조건들(형식, 스타일, 주제 등)을 설정하면, 인간은 그 제약 안에서 창의적 해결책을 모색한다(Tromp, 2023). 이는 무한한 가능성 앞에서 느끼는 창작의 부담을 줄이고, 집중된 창의적 에너지를 발휘할 수 있게 한다. 반대로 인간이 핵심 아이디어나 감정을 제시하면, AI가 이를 다양한 방식으로 구현할 수 있는 옵션들을 생성할 수도 있다.

실시간 피드백 시스템은 창의성과 품질을 동시에 증진시킬 수 있다. AI가 인간의 작업을 실시간으로 분석하여 스타일 일관성, 가독성, 장르적 적절성 등에 대한 즉각적 피드백을 제공한다. 인간은 이러한 피드백을 참고하되, 의도적인 규칙 위반이나 실험적 시도의 자유를 유지한다. 피드백 시스템은 제안(suggestion) 형태로 작동하여 인간의 자율성을 침해하지 않아야 한다.

협업의 한계와 윤리적 고려사항

인간-AI 내러티브 협업은 새로운 창조적 가능성을 열어주지만, 동시에 근본적 한계와 윤리적 쟁점들을 수반한다. 이러한 문제들을 명확히 인식하고 대응 방안을 마련하는 것이 지속 가능한 협업 체계 구축의 전제 조건이다.

기술적 한계 측면에서, 현재 AI는 장기적 일관성 유지, 깊이 있는 심리 묘사, 문화적 미묘함 이해 등에서 제약을 보인다. 특히 복잡한 서사 구조나 실험적 형식에서 AI는 한계를 드러낸다. 또한 AI의 출력은 학습 데이터에 의존하므로, 기존 패턴을 벗어난 진정한 혁신은 어렵다. 이러한 한계는 협업 시스템 설계에서 인간의 역할을 더욱 중요하게 만든다.

인지적 의존성의 위험도 고려해야 한다. AI의 편리함에 익숙해진 인간 창작자가 자신의 창의적 능력을 과소활용하거나 AI의 제안에 과도하게 의존하면 장기적으로 인간의 창작 능력 저하로 이어질 수 있다. 협업 시스템은 인간의 능동적 참여를 유도하고, AI 의존성을 적절히 제어할 수 있는 메커니즘을 포함해야 한다.

저작권과 지적재산권 문제는 가장 복잡한 윤리적 쟁점 중 하나다. 인간-AI 협업으로 생성된 작품의 저작권은 누구에게 귀속되는가? AI의 기여도를 어떻게 측정하고 인정할 것인가? 현재 대부분의 법적 체계는 인간만을 창작의 주체로 인정하지만, AI의 역할이 커질수록 이러한 기준의 재검토가 필요할 것이다. 또한 AI 학습에 사용된 원본 데이터의 저작권 문제도 여전히 논란이 되고 있다.

편향과 공정성의 문제도 중요하다. AI 시스템은 학습 데이터에 내재된 편향을 재생산할 수 있으며, 이는 내러티브 내용에도 영향을 미친다. 성별, 인종, 문화에 대한 고정관념이나 편견이 AI 생성 텍스트에 반영될 수 있다. 협업 시스템은 이러한 편향을 감지하고 수정할 수 있는 도구를 제공해야 하며, 인간 창작자는 편향 인식과 비판적 검토 능력을 갖춰야 한다.

진정성(authenticity)과 인간성의 문제는 근본적인 철학적 쟁점이다. AI의 도움을 받아 창작된 작품이 순수 인간 창작물과 같은 감동과 의미를 갖는가? 독자들이 AI의 개입을 알았을 때의 반응은 어떠할 것인가? 이는 예술과 문학의 본질에 대한 근본적 질문과 연결된다. 현재로서는 명확한 답이 없으므로, 투명성과 공개를 통해 독자의 선택권을 보장하는 것이 중요하다.

CSCW 관점에서 본 인간-AI 협업은 전통적인 인간 간 협업과는 다른 특성을 갖는다. 비대칭적 상호 의존성, 인간 주도의 목표 설정, 제한적 상호 인식 등이 그 특징이다. 이러한 특성을 고려한 협업 아키텍처는 4층위 커뮤니케이션 구조를 기반으로 각 층위에서 인간과 AI의 강점을 최대한 활용할 수 있도록 설계되어야 한다.

품질 관리와 창의성 증진의 균형은 협업 시스템의 핵심 과제다. AI의 체계적 분석 능력과 인간의 직관적 판단을 효과적으로 결합하면 일관성과 혁신을 동시에 추구할 수 있다. 실시간 피드백, 버전 관리, 제약 기반 창의성 등의 기법을 통해 이러한 균형을 실현할 수 있다. 협업의 한계와 윤리적 쟁점들도 명확히 인식해야 한다. 기술적 한계, 인지적 의존성, 저작권 문제, 편향과 공정성, 진정성과 문화적 다양성 등의 문제는 지속적인 관심과 대응이 필요하다. 특히 투명성과 공개, 인간의 자율성 보장,

편향 감지와 수정 메커니즘 등이 중요하다.

지속 가능한 협업 체계 구축을 위해서는 기술 개발자, 창작자, 교육자, 정책 입안자들의 협력이 필요하다. 각 분야의 전문성을 결합하여 인간과 AI가 조화롭게 공존할 수 있는 내러티브 환경을 만들어 나가야 한다. 이는 단순히 새로운 도구의 도입이 아니라, 창작 문화와 교육 체계, 법적 제도의 종합적 변화를 요구하는 장기적 과제다.

참고문헌

Boden, M. A.(2004). *The creative mind: myths and mechanisms (2nd ed.).* Routledge.

Grudin, J.(1994). Computer-supported cooperative work: history and focus. *Computer, 27*(5), pp.19~26.

Kaptelinin, V. & Nardi, B. A.(2006). *Acting with technology: activity theory and interaction design.* MIT Press.

Shneiderman, B.(2020). Human-centered artificial intelligence: reliable, safe & trustworthy. *International Journal of Human-Computer Interaction, 36*(6), pp.495~504.

Tromp, C.(2023). Integrated constraints in creativity: foundations for a unifying model. *Review of General Psychology, 27*(1), pp.41~61.

10
AI 시대 내러티브의 미래

AI의 등장은 내러티브 생태계 전반에 근본적 변화를 촉발한다. 유발 하라리의 AI 스토리텔링 위험론은 중요한 문제 제기이지만, 기술 결정론적 한계를 갖는다. 진정한 쟁점은 기술 자체가 아니라 자본주의 체제와의 상호 관계에 있다. AI 내러티브 기술의 발전이 창작 노동, 문화 산업, 공론장에 미치는 구조적 영향을 비판적으로 분석하고, 인간의 서사적 능력을 확장하는 방향의 발전 방안을 모색해야 한다.

AI와 미래 의사?

AI 내러티브 주체성의 등장과 변화

전통적으로 내러티브의 주체는 인간이었다. 인간 창작자, 인간 수용자, 그리고 이들을 연결하는 매체와 제도들로 구성된 체계에서 모든 의미 있는 서사적 행위는 인간의 의식과 의도에서 비롯되었으며, 기술은 전달과 보존의 수단에 불과했다. 창작자는 개인적 경험과 상상력을 바탕으로 이야기를 만들어 내고, 수용자는 이를 해석하고 재구성하며, 출판사, 방송사, 극장 등의 중개 기관들이 유통과 확산을 담당했다. 하지만 ChatGPT, Claude, Gemini 등의 대규모 언어 모델이 보여주는 내러티브 생성 능력은 이러한 기본 전제를 흔들고 있다. AI는 이제 단순히 인간의 지시를 수행하는 것을 넘어서 자체적으로 줄거리를 구성하고, 등장인물을 창조하며, 감정적 호소력을 갖춘 텍스트를 생산할 수 있다. 더 나아가 독자의 반응을 실시간으로 분석하여 내러티브를 조정하고, 개인별 맞춤형 스토리를 생성하는 능력까지 보여준다.

이러한 AI의 등장은 내러티브 생태계 전반에 근본적 변화를 촉발하고 있다. 창작 과정에서는 인간-AI 협업이 일반화되면서 창작자의 역할이 재정의되고 있다. 작가는 더 이상 모든 것을 혼자 만들어 내는 존재가 아니라, AI와 협력하여 아이디어를 발전시키고 최종 품질을 결정하는 큐레이터 또는 감독의 역할을 맡게 된다. 유통과 배급 과정에서는 개인화 알고리즘이 독자별로 다른 내러티브 경험을 제공하게 되어, 동일한 작품을 공유하는 전통적인 문화 공동체의 의미가 변화하고 있다. 수용과 해석 과정에서도 AI가 독서 보조나 해석 가이드 역할을 하면서 독자의 능동적 의미 구성 능력에 영향을 미치고 있다(Chen & Ryan, 2021). 특히 주목할 것은 내러티브의 속도와 규모 변화다. AI는 인간이 수주 또는 수개월에 걸쳐 완성하는 장편 소설을 몇 시간 만에 생성할 수 있으며, 동시에 수백만 개의 서로 다른 버전을 만들어 낼 수 있다. 이는 내러티브가 희소한 문화적 자원에서 풍부한 디지털 상품으로 변화함을 의미한다. 그러나 양적 증가가 반드시 질적 풍요로 이어지지는 않는다. 오히려 내러티브의 과잉 생산은 주목 경제에서 더 치열한 경쟁을 야기하고, 결과적으로 자극적이고 즉흥적인 콘텐츠가 깊이 있는 서사를 밀어내는 그레샴의 법칙 현상을 심화시킬 수 있다.

유발 하라리의 AI 스토리텔링 위험론과 그 의미

유발 하라리는 AI의 스토리텔링 능력을 인류가 직면한 가장 심각한 위협 중 하나로 규정한다. 그의 관점은 스토리텔링이 호모 사피엔스의 핵심 특성이라는 기본 전제에서 출발한다. 그가『사피엔스』에서부터 일관되게 주장해 온 바와 같이, 인간의 대규모 협력 능력은 공동의 믿음과 서사를 만들어 내는 능력에 기반한다. 종교, 국가, 화폐, 기업 등 인간 문명의 핵심 제도들은 모두 상호 주관적 이야기의 산물이다(Harari, 2014).

하라리는 AI가 이러한 인간의 고유 영역을 침범하면서 세 가지 차원의 위험을 제기한다고 본다. 첫째는 비인간 스토리텔러의 등장이다. AI는 실제 세계에서 아무것도 경험하지 않으면서도 설득력 있는 내러티브를 생성할 수 있다. 이는 스토리텔링이 체험과 분리될 수 있음을 의미하며, 진정성의 개념을 근본적으로 위협한다. 둘째는 내러티브 조작과 허위 정보의 대량 생산이다. AI는 정치적 목적이나 상업적 이익을 위해 맞춤형 허위 서사를 무한정 생성할 수 있으며, 이는 내러티브 전쟁을 새로운 차원으로 끌어올린다. 셋째는 인간의 의사결정 권한이 알고리즘으로 이전되는 현상이다. AI가 생성한 스토리가 인간보다 더 설득력 있고 매력적일 때, 인간은 자신의 판단보다 AI의 서사를 신뢰하게 될 수 있다(Harari, 2024).

하라리의 우려에서 특히 주목할 점은 정보와 진실의

관계에 대한 그의 관점이다. 그는 실리콘밸리의 정보=진실이라는 나이브한 등식을 비판하면서, 진실은 희소하고 비용이 많이 드는 반면 허구는 저렴하고 매력적이라고 지적한다. AI 시대에는 이러한 비대칭성이 더욱 심화되어, 진실보다 허구가 정보 생태계를 지배할 위험이 있다는 것이다. 또한 그는 민주주의의 분산형 정보 네트워크와 달리, AI는 중앙집권형 처리에 최적화되어 있어 민주적 의사결정 구조 자체를 위협할 수 있다고 경고한다.

하라리 위험론에 대한 학술적 비판과 대안적 관점

하라리의 AI 스토리텔링 위험론은 광범위한 주목을 받았지만, 학술계의 다양한 비판들도 있다. 이러한 비판들은 하라리의 논리적 문제점을 지적할 뿐만 아니라, AI와 내러티브의 관계에 대한 보다 현실적인 이해를 위한 중요한 관점들을 제시한다.

가장 근본적인 비판은 하라리의 생물학적 환원주의와 기술 결정론적 관점에 집중된다. 신경과학자 다르샤나 나라야난(Narayanan, 2022)은 하라리가 복잡한 사회적 현상을 지나치게 단순화된 생물학적 설명으로 귀결시킨다고 비판한다. 인간의 스토리텔링 능력을 단순히 진화적 적응의 결과로 보는 관점은 문화적, 사회적, 역사적 맥락을 간과한다는 지적이다. 스토리텔링은 생물학적 본능이 아니라 특정한 사회적 조건에서 형성되고 발전하는 문화적 실천이다. 따라서 AI의 등장이 이 영역에 미치는 영향도 기술 자체의 특성보다는 그것이 어떤 사회적 맥락에서 어떻게 활용되는가에 달려 있다.

AI를 외계 지능으로 규정하는 하라리의 접근도 비판의 대상이다. 이러한 관점은 AI를 신비화하고 의인화하여, 실제로는 인간이 설계하고 통제할 수 있는 기술을 통제 불가능한 존재로 만든다. AI의 능력과 한계는 그것을 개발하고 배치하는 인간의 결정에 달려 있으며, 따라서 AI 자체보다는 AI를 둘러싼 권력 구조와 이해관계를 분석하는 것이 더 중요하다(Browning & LeCun, 2022). 하라리의 접근은 이러한 사회적 차원을 간과하고 기술 자체에만 초점을 맞춤으로써, 진정한 문제를 흐린다는 비판을 받는다.

하라리가 제시하는 해결책의 한계도 지적된다. 하라리는 개인적 차원에서는 정보 다이어트와 명상을 통한 비판적 사고 능력 강화를, 국제 사회적 차원에서는 AI 개발의 일시적 중단, 연구비의 3분의 1을 안전성 연구에 투자, 국제적 협력 체계 구축 등을 제안한다. 그러나 이러한 제안들은 상당히 추상적이며, 구체적인 실행 방안이나 제도적 뒷받침에 대해서는 명확하지 않다. 무엇보다 AI 기술 발전을 둘러싼 지정학적 경쟁과 자본주의적 이해관계를 충분히 고려하지 못한다는 한계가 있다.

자본주의 체제와의 상호 관계: 비판적 성찰의 필요성

하라리의 주장에는 여러 문제가 있지만, AI가 내러티브 활동의 주체가 되면서 발생할 수 있는 위험에 대한 문제 제기는 의미가 있다. 이런 위험에 대비하기 위해서는 먼저 AI의 내러티브 능력에 대한 냉정한 평가가 필요하다. 앞선 장들의 분석이 보여주듯이, AI는 분명히 인상적인 텍스트 생성 능력을 보이지만 여전히 근본적 한계가 있다. AI의 이해는 패턴 인식에 기반하며, 창작은 기존 데이터의 재조합이다. 체험적 깊이, 감정적 진정성, 존재론적 의미 탐구 등 인간 내러티브의 핵심적 가치들은 현재 기술로는 구현하기 어렵다. 따라서 AI가 인간을 완전히 대체할 것이라는 극단적 우려는 과장된 측면이 있다. 그러나 동시에 AI의 영향을 과소평가해서도 안 된다. AI는 내러티브 생산의 속도와 규모를 획기적으로 변화시키고 있으며, 이는 문화 산업의 구조와 창작자의 지위에

실질적 영향을 미친다. 또한 개인화 알고리즘을 통한 맞춤형 서사 제공은 새로운 형태의 조작 가능성을 열어놓는다.

핵심은 기술 자체가 아니라 그것을 둘러싼 사회적 맥락이다. AI 기술의 발전 방향, 적용 영역, 규제 방식 등은 모두 인간의 선택에 달려 있다. 자본주의는 정치, 경제, 사회, 문화 등 우리 일상의 모든 측면에서 물질적 · 정신적 토대가 되는 지배적 체제다. 서사가 인간에게 본질적 요소라면, 필연적으로 자본주의와 상호 관계를 맺을 수밖에 없다. 내러티브 영역에서의 AI 도입과 그 영향을 정확히 이해하기 위해서는 이러한 변화가 자본주의 체제와 맺는 복잡한 상호 관계를 비판적으로 분석해야 한다. 기술 발전은 중립적이지 않으며, 특정한 사회 경제적 맥락에서 특정한 방향으로 추진된다.

서사 자본주의 개념은 이러한 분석을 위한 유용한 프레임워크다(김성도, 2022). AI 알고리즘에 기반한 서사 자본주의는 서사의 화폐 가치화, 표현 경제의 확산, 예측과 조절 가능한 서사 생산이라는 특징을 보인다. 이는 전통적인 서사성과는 질적으로 다른 탈서사성 패러다임을 만들어 낸다. 개인 맞춤형 알고리즘은 확증 편향을 강화하고 사회적 담론을 파편화시킬 위험이 있으며, 이는 민주적 공론장의 기반을 약화시킬 수 있다. 또한 AI 내러티브 생성이 창작 노동에 미치는 영향도 심각하게 고려해야 한다. AI가 대체할 수 있는 영역이 확대되면서 많은 창작자들이 일자리를 잃거나 더 열악한 조건에서 일해야 할 가능성이 있다(Dyer-Witheford, 2015). 동시에 AI 학습에 사용되는 기존 창작물들에 대한 정당한 보상 체계도 마련되어야 한다. 이는 단순히 기술적 문제가 아니라 창작 생태계의 지속 가능성과 직결되는 구조적 문제다. 서사의 대량 생산이 가능해지면서 나타나는 또 다른 문제는 문화적 다양성의 위협이다. 글로벌 데이터로 학습된 AI는 주류 문화의 패턴을 선호할 가능성이 높으며, 이는 지역적, 문화적 특수성을 약화시킬 수 있다. 자본의 논리에 따라 수익성이 높은 콘텐츠가 우선시되면서, 실험적이거나 비판적인 서사들이 설 자리가 줄어들 위험도 있다.

이러한 문제들을 해결하기 위해서는 기술 발전과 사회적 필요 사이의 긴장을 인식하는 정책적 개입이 필요하다. 플랫폼 기업들의 독점적 지위를 견제하고, 창작자들의 권익을 보호하며, 문화적 다양성을 증진할 수 있는 제도적 장치들이 마련되어야 한다. 또한 AI가 생성한 가치를 사회 전체가 공유할 수 있는 방안도 모색해야 한다.

닉 서르닉(Srnicek, 2017)이 제안한 플랫폼 코뮤니즘처럼, AI 플랫폼을 공적 목적으로 전환할 가능성도 진지하게 검토되어야 한다.

이 책에서 제시한 인간과 AI의 내러티브 처리 방식에 대한 체계적 분석은 미래 전망의 토대를 제공한다. 인간의 체험적 이해와 감정적 깊이, AI의 패턴 인식과 처리 효율성은 각각 고유한 가치를 갖는다. 이 둘이 경쟁하는 것이 아니라 협력할 때, 기존에는 불가능했던 새로운 형태의 내러티브 경험이 창출될 수 있다. 그러나 기술적 가능성만으로는 충분하지 않다. AI와 내러티브의 관계가 자본주의 체제와 맺는 복잡한 상호작용을 비판적으로 분석하고, 이를 바탕으로 구체적인 발전 방향을 모색해야 한다.

내러티브는 인간이 자신과 세계를 이해하고 의미를 만들어가는 근본적 방식이다. AI가 이 영역에 가져오는 변화가 인간의 서사적 능력을 대체하는 것이 아니라 확장하고 성숙하게 하는 방향으로 나아가도록 하는 것이 핵심 과제다. 우선 중요한 것은 불확실한 미래에 대비하여 전략적 대응을 할 수 있는 분석적 토대를 구축하는 것이다. 본 연구는 이러한 작업의 첫걸음이며, 향후 연구에서는 이론적 분석과 실증적 조사를 결합하여 더 구체적이고 실효성 있는 방안들을 모색하고자 한다.

참고문헌

김성도(2022). "서사 인간학: 인공지능 시대의 탈서사성에 대한 성찰". 김상환 외. 《일꾼과 이야기꾼: 서사적 주체》, 205~242쪽. 이학사.

Browning, J., & LeCun, Y.(2022.8.23). AI and the limits of language. Noema Magazine. https://www.noemamag.com/ai-and-the-limits-of-language/

Chen, J., & Ryan, M.-L.(2021). Storyworld, transmedia storytelling, and contemporary narrative theory: An interview with Marie-Laure Ryan. Frontiers of Narrative Studies, 7(2), 147~155. https://doi.org/10.1515/fns-2021-0008

Dyer-Witheford, N.(2015). *Cyber-proletariat: global labour in the digital vortex*. Between the Lines.

Harari, Y. N.(2014). *Sapiens: a brief history of humankind*. Harvill Secker. 조현욱 옮김(2015). 《사피엔스》. 김영사.

Harari, Y. N.(2024). *Nexus: a brief history of information networks from the Stone Age to AI*. Random House. 김명주 옮김(2024). 《넥서스》. 김영사.

Narayanan, D.(2022.7). The dangerous populist science of Yuval Noah Harari. Current Affairs. https://www.currentaffairs.org/news/2022/07/the-dangerous-populist-science-of-yuval-noah-harari

Srnicek, N.(2017). *Platform capitalism*. Polity Press.

권호창

성균관대학교 트랜스미디어연구소 연구교수다. 한국예술종합학교 영상이론과에서 "디지털 스토리텔링과 스토리 생성 시스템 연구"로 석사 학위를 받고, 한국과학기술원 지식서비스공학과에서 "정보처리 관점에서의 내러티브 창작 지원 시스템 모델 연구"로 박사 학위를 받았다. 저서로 《호모 나랜스와 AI》(2025, 커뮤니케이션북스), 《서드라이프 – 기술혁명시대 새로운 라이프스타일》(2020, 커뮤니케이션북스, 공저), 《자유로운 개인들의 연합을 향하여》(2022, 문화과학사, 공저)가 있다. 인문학, 예술, 과학기술이 통섭되는 '이야기'라는 플랫폼에 관심을 두고 강의와 연구를 하고 있다.